Nosotros y los otros ...
en la frontera sur de México

Nosotros y los otros ...
en la frontera sur de México

AMELIA ACOSTA LEÓN

Número de Control de la Biblioteca del Congreso de los EE. UU.:   2011963587
ISBN: Tapa Dura   978-1-4633-1472-9
                 Tapa Blanda   978-1-4633-1473-6
                 Libro Electrónico   978-1-4633-1474-3

Para hacer pedidos de copias adicionales de este libro, por favor contactar con:
Palibrio
1663 Liberty Drive, Suite 200
Bloomington, IN 47403
Para llamadas desde los EE.UU 877.407.45847
Para llamadas internacionales +1.812.671.9757
Fax: +1.812.355.1576
ventas@palibrio.com
379953

CONTENIDO

Los migrantes no son una amenaza, son una oportunidad.
Sujetos de una nueva historia desde abajo . . . la van construyendo solos, a nadie piden permiso . . .
Padre Alejandro Solalinde

Admiración profunda a los actores,
reales todos y anónimos por protección . . .
Pido a Dios por ellos y la fe que los mueve . . .

A mi querida amiga Ana y a sus monos aulladores . . .
A los Viejitos de La Libertad, Chiapas; sin su
hospitalidad bondadosa de algunos años,
esta narrativa de la realidad
no hubiese sido posible . . .

A Deyanira, Víctor, Kiki, Vic, Luis Eduardo y Lorenzo,
la vieja familia . . .
A Benjamín, Veronique, Violette, David y Rosario,
esperanza de nuevos hogares . . .

A MANERA DE INTRODUCCIÓN

"Nosotros", la vergüenza; los "otros", la esperanza. Es ésta una realidad que duele a los mexicanos con conciencia moral individual y conciencia moral social. La autora conduce al lector en un viaje de algunos años que le tomó analizar los testimonios de "los otros", de la frontera sur de México, por mucho tiempo olvidada, hoy recordada, con problemas que lejos de reducir su concreción, aumentan día a día en torno a una diversidad que se reduce a lo mismo, miseria humana, mezclada entre líneas con un alto grado de corrupción.

El debate se ha tomado y se ha dejado y sin embargo, esto no ha impedido que seres humanos sigan trabajando por sus derechos, en muchas ocasiones -como la mayoría de los que viajan en el "lomo de la bestia", - que aún sin conocerlos a ciencia cierta y sólo por principios de sobrevivencia moral-, los aplican a su entender librando así batallas y una guerra por venir.

Pareciera que en esa parte del territorio mexicano no existiera la conciencia moral social, ni en la conciencia moral individual de esos llamados "personajes" de la decisión pública en México. Por esto vale la pena detenerse a reflexionar ¿qué es la conciencia moral social y la conciencia moral individual? Sobre todo, para los decisores públicos, que si bien conocen el contenido de estos valores, lo han olvidado.

Una conciencia en singular, la otra en plural; a la conciencia moral social se la considera como un conjunto de principios, normas, valores e ideales que reflejan las condiciones materiales de vida que caracterizan e identifican a una persona y a un colectivo humano en una etapa de su desarrollo personal e histórico; la conciencia moral individual es la forma muy particular e irrepetible en que las concepciones existentes en una determinada sociedad se expresan a nivel personal; representa ésta el conjunto de emociones, sentimientos, conocimientos y convicciones, que resumen de alguna forma la conciencia moral social que transforma la personalidad sobre la base de su existencia individual.

El crecimiento moral del individuo transita a partir de un proceso personal en el que asimila a la sociedad que lo rodea, es en este momento que su conciencia moral social se consolida. Estos conocimientos están dirigidos hacia la obtención de determinados objetivos, estos se materializan a través de la instrucción y la educación. ¿encajan las personas viajantes en el "lomo de la bestia" en el patrón de los de objetivos que llegan a la concreción por la instrucción y la educación arriba mencionadas? Considero que en la generalidad no. Entonces ¿por qué dejan su espacio vital, a sus familias, costumbres, sus creencias, sus hábitos, es decir, una vida entera? Es obvio que son las víctimas de un sistema político, económico, jurídico, social, y de una sociedad deprimida, con una lista interminable de espíritus malos, como el enojo, la lujuria, las tentaciones, la amargura, la necedad, la violación a los derechos humanos más elementales, la necedad, la mentira, el chisme, el morbo, los celos, la envidia, la desilusión, el rechazo, la culpabilidad, la depresión, la hostilidad, la apatía, la insensibilidad al prójimo, la avaricia, el poder, etcétera.

Los gobiernos ineficientes, ineficaces, corruptos e insensibles se materializan en el objetivo de este trabajo de narrativa novelada, de corte ensayístico, en donde la pretensión es evidenciar, a través de representaciones sociales que se revelan en las palabras, de los diversos actores que en su momento, cada uno participó, a veces deprimidos, otras con la sonrisa de la esperanza, pero siempre con verdadero interés de que se revele el sufrimiento que padecen, para que *"alguien"* salga en su defensa y al fin se legisle, y se acaten las leyes.

Ojalá que el texto *"mueva"* la voluntad y el intelecto de quienes hoy detentan el poder, que se percaten las autoridades de los países de este flujo migratorio que −la mayoría- de los migrantes son jóvenes, que con con su partida −a veces sin retorno-, la esperanza de enderezar los rumbos de los países se diluye, qué existen pueblos enteros en donde los habitantes son adultos y adultos mayores, el fenómeno de la pirámide poblacional invertida es imparable, y si nuestros jóvenes se van, ¿qué nos quedará como países?

Respóndase usted querido lector, después de que haya leído los desgarradores testimonios de los diversos actores centroamericanos y de otros continentes en su mayoría, y mexicanos que se animan a subir en al "lomo de la bestia" como única alternativa de alcanzar un nivel de vida aceptable y, si tiene a su lado o cerca a algún funcionario público, aconséjelo, dígale que otee el horizonte del sur de México, y actúe, así habrá −al menos-, hecho algo por cumplir con su conciencia moral individual.

La autora

13

PREÁMBULO

Viajamos toda la noche, mis ex alumnos de sociología y un "colado" ex alumno de derecho, este último con la idea de aprender mucho sobre "Derechos Humanos de los transmigrantes", las leyes que los protegen y las condiciones de vida de ellos en esa estadía por nuestro país, y todo lo que se movía en torno a ellos.

Realmente todos deseábamos eso. Ese era el objetivo de nuestra investigación. Jamás hubiésemos imaginado que aquella realidad que pensamos hubiese superado –en mucho-, cualquier ficción.

Llegamos a la frontera sur, a la "tierra de nadie y de todos" alrededor de las 10:00am, sólo encontramos una casa de huéspedes para descansar un rato, el calor era agobiante y teníamos únicamente los ventiladores de techo para refrescarnos un poco. Estacionamos mi camioneta en donde se pudo y descansamos un rato, no teníamos agua para bañarnos así que, en nuestro "propio jugo", pasamos a comer unos tacos y nos dirigimos al territorio objetivo.

Una vez ahí, nos dividimos los sitios en donde observamos había personas, hasta ahí, no sabíamos quiénes eran migrantes, quienes transmigrantes y quienes nacionales.

Niní, Pato, Mau, Nico y yo nos lanzamos al campo. Realmente iniciamos casi a las 16 horas, quedamos de vernos en un determinado punto ubicado con anterioridad a las 8 de la noche para comentar nuestras experiencias del día.

Así lo hicimos. Sólo Pato había logrado una entrevista. Nos comentó que se sentía de "moco caído", que al día siguiente nos comentaría, una vez que hubiese hecho la captura de su entrevista.

Pato, esa noche, faltó al punto cuatro del plan de trabajo siguiente, previamente estructurado:

1) Viajar desde nuestro sitio estable hasta la Frontera
2) Llegar, alimentarnos y descansar.
3) Llegar a campo y realizar entrevistas
4) Volver, reunirnos, escuchar, analizar y proponer en cada entrevista que cada uno haya levantado, posibilidades de soluciones.
5) Transcribirlas y enviarlas a una carpeta.

Como todos estábamos cansados, realmente no le prestamos atención y nos fuimos a comprar unas tortas y unos refrescos para cenar. Yo, estaba tan cansada que, la verdad ni cené, quedé profundamente dormida hasta las 7 de la mañana siguiente, por gracia de Dios, había agua y pudimos bañarnos.

En los antojitos nos reunimos a desayunar, ahí comentamos, que no habíamos logrado ubicar aún a los transmigrantes la tarde/noche anterior. Sólo Pato lo hizo, Ella nos pidió esperar a estar de nuevo en la Universidad para, ya capturadas las entrevistas, pudiésemos comentar los hallazgos, los aprendizajes, etcétera. Todos declaramos no estar de acuerdo; aceptamos respetar nuestro plan de trabajo, es decir volver a él, así lo hicimos.

PRIMERA PARTE (2006)

ENTREVISTAS A "LOS OTROS"

Actores:
La profesora, Nini, Pato, Mau, Nico

Personajes:

Los migrantes del mundo, reflejados en esta pequeña
parte de un territorio compartido

Primera Entrevista: La Profe-Toño

Toño: Entrevistado
Entrevistadora: La Profe

La Profe: Recargado en los rieles del tren, cobijado únicamente por la luz de un sol que luchaba por esconderse, se encontraba un jovencito que jamàs pensé fuese tan "jovencito".

Me acerque lentamente, hasta estar a su lado. De inmediato pregunté ¿no tienes miedo de descansar en los rieles del tren y te quedes dormido?

Toño: Pues sí amiga, pero mis ñeros me avisarán si viene el tren.

La Profe: ¿cuáles ñeros? No se ve nadie por aquí.

Toño: Mire damita, mis ñeros aparecen cuando tienen que aparecer, antes no.

La Profe: ok. Ok. Amigo, ¿Cómo te llamas? Te ves muy chiquito, ¿cuántos años tienes?

Toño: Pos ¿usted quién es? Pregunta mucho ¿no?

La Profe: Extendiendo mi mano; pues yo soy Meli soy profesora investigadora de una universidad y quisiera tener tu permiso para hacerte algunas preguntas. Se trata de hacer un estudio con el deseo de que ustedes, los migrantes o transmigrantes, tenga mejores condiciones en su paso por Mèxico.

Toño: Uyy damita, han venido muchos con el deseo de lo mismo, y usted ve aquí seguimos igual; oiga qué es eso de trans . . . qué?. Soy Toño vengo de mi pueblo. Voy a los usas a buscar chamba para ayudar a mi familia que no tiene ni pa' tragar

La Profe: ¿Tú crees que somos muchos con los mismos deseos para ustedes, tú cómo lo sabes? Eres muy pequeñito para saberlo, supongo es la primera vez que intentas ir a los estados unidos. Y transmigrantes quiere decir que una persona que viene de otro país, como por ejemplo ¿tú de dònde vienes? ¿de Guatemala?

Toño: No le digo . . usted no sabe nada. Tengo 16, pero estoy intentando pasar desde los 13 y no vengo de Guatemala, vengo de Salvador.

La Profe: ¿Por qué Toño? Esto es muy peligroso para tí. Cuéntame por qué (la grabadora corría dentro de mi bolsa . . .)

Toño: Mire damita, vengo de un pueblo de Salvador, no sabe usted cómo me cuesta pasar el rio, tenga o no tenga agua, los migras son una bola de cabrones mire usted (me muestra sus piernas y la cintura)

La Profe: ¡Dios mio! ¿qué es esto? (grité casi petrificada)

Toño: Ya ve que no soy un niño . . . Me aguanté todo el dolor de que una víbora me carcomiera mi pierna y mi cintura al cruzar el rio.

La Profe: ¿tú crees que vale la pena todo este dolor por ir en busca de tu sueño de trabajo y mejor vida?

Toño: Cómo no va a valer la pena damita, quedarme en el pueblo seria morir, no hay trabajo, no hay dinero, puras enfermedades de mis hermanitos (8, 6 mujeres y dos hombres), de mi mamá, si yo consigo un trabajo en los usas, pues todos nos salvamos. En el pueblo no hay esperanza de nada. `por eso me la juego damita.

La Profe: Con un nudo en la garganta y la vista nublada abracé a Toño y le pregunté ¿sabes rezar Toñito?

Toño: Pos claro damita, cómo no saberlo si muchas veces es mi comida.

La Profe: ¿Sabes qué es la fe?

Toño: Pos no, pero debe ser algo muy grande porque todos los que estamos acá decimos que tenemos fe en que llegaremos a los iusas.

La Profe: Las Sagradas Escrituras dicen que la Fe es la certeza de lo que se espera y la seguridad de lo que no se ve; tú, por ejemplo, esperas salvarte consiguiendo un buen trabajo en los Estados Unidos, eso para ti es un futuro . . . Continúa así Toñito que Dios ha de bendecir tus intenciones . . . lo abracé fuerte le dí un beso y me despedí . . .

LOS DEBATES NOCTURNOS DE "NOSOTROS" SOBRE LA PRIMERA ENTREVISTA LA PROFE-TOÑO

Pato: Profe, ¿ usted cree que personas como Toño comprendan los límites, del sufrimiento?

Profe: A ver Nico, ¿qué opinas tú respecto al accidente que tuvo Toño y a lo que dice Pato?

Nico: ay profe, pues yo también preguntaría ¿que valores, enseñanza sobre la vivencia diaria tienen seres humanos como Toño? Quiero decir, desde sus hogares.

Profe: ¿Cómo ves Mau? ¿Niní?

Niní: Pues mire profe a mi me parece que Toño desconoce el significado de la palabra límite, y el sufrimiento lo toma como algo cotidiano que tal vez así tiene que ser.

Mau: yo creo que en los hogares de estas personas el único valor conocido es el de la subsistencia y el apego a alguien como el padre, figura que puede asegurarles la sobrevivencia.

Profe: a ver chicos, ¿ ustedes piensan que Toño, no conoce el amor, el cariño, la paciencia, la tolerancia, la amistad?

Díganme entonces qué significa cuando él dice: "si yo consigo un trabajo en los usas, pos todos nos salvamos. En el pueblo no hay esperanza de nada, por eso me la juego damita". ¿No ama a su familia o a la imagen que él tiene de familia?

Casi al unísono los chicos expresaron: ¡sin palabras profe, sin palabras!

SEGUNDA ENTREVISTA: NICO-CLESIANO

Clesiano: Entrevistado
Entrevistador: Nico

Nico: Hola muchacho!!! Qué haces allá arriba? No te lastiman las sogas? Cómo te llamas?

Clesiano: oiga don como que pregunta mucho, ira ira!!! Pos claro que lastima y duele, pero si no me amarro, me caigo!!! Oiga don qué hace? No suba se va a caer!!!!!

Nico: no te preocupes ya llegué!!! Cómo dijiste que te llamas?

Clesiano: Clesiano don, pero me dicen Clesi . . .

Nico: Oyes Clesi me dejarías hacerte algunas preguntas y grabarte?

Clesi: Cómo para qué mi amigo?
Nico: Mira mis compañeros y yo estamos haciendo una investigación sobre lo que ustedes sufren, ¿eres migrante? Creo yo. ¿hacia dónde vas? A los Estados Unidos, no?.

Clesi: Bueno Don y si lo sabe pues cómo que ya para qué las preguntas.
¿usted como se llama?

Nico: Nicolás, pero me dicen Nico.

Clesi: mire Don Nico, nadie tiene idea de lo que nosotros sufrimos. Desde que dejamos a la familia, luego para conseguir para venir acá. Acá todo nos lo quitan, que para el pollero, que para el viaje, y si nos agarran . . .
Nos va como en feria . . . nos tratan como viles delincuentes. Y nosotros lo único que queremos es trabajar para mandar a la familia . . . .
Clesi hizo un gesto de dolor, se cubrió el rostro para que no me diera cuenta que estaba llorando.

Clesi: váyase doncito por favor váyase!!!!
Si aquél Señor (señala hacia uno de los "polleros") ve que estoy hablando con Usted, me va a madrear y mire pues ya estoy bien madreado como pa' màs.

Nico: No tengas miedo Clesi, no tengas miedo, mira me bajo y vuelvo a subir, necesito que me digas por qué te torturas tanto.

Clesi: no doncito, torturas las que me harán aquel señor, el policía y el pollero si me ven platicando con usted.
Nico: pero ¿quiénes son para torturarte?

Clesi: mire usted, el de la derecha es agente de migración, el de la izquierda es un poli federal, mi pollero me dijo cuando le pagué que si hablaba con alguien del periódico me reportaría como mara o narco . . . . ¿se imagina?

La cárcel! Y yo no puedo regresar a mi casa, mi mamá sufre mucho porque mi papá se fue a los iunaites . . . mi hermanito cada vez se arrastra más y más conforme crece. No se atreve a decirle a mi mama que ya no puede arrastrarse, pesa mucho. Casi siempre tiene cagalera y no hay para llevarlo al doctor.

Mis otros tres hermanos ayudan a mi mama en la lavada y planchada de ropa, pero a veces ni pa' comer alcanza. Por eso yo quiero ir a buscar a mi papa en los iunaites. Es la tercera vez que vengo.

Nico: Quedé estupefacto al escuchar a Clesi !! Me pude dar cuenta en qué condiciones vivían en su lugar de origen. Estuve tan pensativo, que me evadí milésimas de segundos . . . . Dios no supe a qué hora se me desapareció Clesi . . . debe haber visto a los oficiales o a su pollero.

Los siguientes días lo busque y no lo localicé más.

LOS DEBATES NOCTURNOS DE "NOSOTROS" SOBRE LA SEGUNDA ENTREVISTA NICO-CLESIANO

La profe: A ver chicos, opiniones, reflexiones y todo cuanto les haya dejado esta entrevista.

De entrada les quiero decir que me conmovió la historia de Clesi y me transladé de inmediato – al escuchar a Nico-, a aquella novela desgarradora de Camilo José Cela: "La familia de Pascual Duarte", Pascual, el personaje principal arrastrándose como un gusano por la casa . . . Dios, se quedaba corto, con la historia de Clesi.

Nico: Profe, ese rictus de terror en la cara de Clesi se me grabó en la memoria y en el alma. Qué problemas tan graves de higiene en la que deben vivir, recordé una frase de mi mamá cuando se enojaba con nosotros y nos decía "una cosa es la pobreza y otra la puerqueza", refiriéndose a que no teníamos higiene –según ella-, en nuestra higiene personal desde hacer nuestras camas, lavar nuestra ropa, los dientes, etc . . . Nuestra casa tenía piso de cemento – al menos-, imaginémonos el suelo de tierra de la casa de la familia de Clesi, el hermanito arrastrándose con sus pies sin fuerzas sus manos, ¿cómo deben haber estado sus manos después de de permanecer con diarrea? Dios, no quiero entender . . .

Pato: Oiga profe y que ¿allá en esos pueblos? los gobiernos no hacen programas sociales; ¿En qué gastan el dinero de los impuestos? ¿Qué nadie paga impuestos? ¿Dónde están las instituciones de salud, de vivienda, de educación.?

Niní: Mira Pato, yo creo que sí hay programas, no sé exactamente cuánto se invierta, pero volvemos al problema de la corrupción la inseguridad, vista desde la perspectiva amplia de la seguridad de las personas.

Mau: Por eso yo insisto muchachos, que para solucionar muchas cosas en los hogares de los migrantes, son necesarias las políticas entre gobiernos no sólo de nuestros Estados involucrados, sino de países de origen. ¡Yo no sé cómo esto no lo entienden los políticos y funcionarios públicos!

La Profe: A ver muchachos, sus opiniones y reflexiones son perfectamente congruentes. ¿Recuerdan aquellas clases de filosofía en las que nos pasábamos de la hora en discusiones como la ética, la identidad ciudadana, el humanismo? Pudimos observar que el avance social no existe sin el enlace entre ética y política.

Mau: Si profe, yo recuerdo que Usted decía que los políticos, preferían hacerse como que "la virgen les hablaba", porque iban a gastar mucho dinero en ese tipo de programas o algo así. Tenía usted razón, yo creo que ellos se van por evadir el equilibrio entre ética y política;

tal vez porque si lo reflexionan, tendrían escrúpulos y estos no les permitirían hacer lo que ellos hacen del dinero público una vez que llegan al poder . . .

Niní: Si, Mau, yo recuerdo también que la profe decía que la ética debería ser un requisito previo de la política que se dijera moderna, de lo contrario, los resultados serían muy graves y mira los estamos observando, no sólo en esta frontera, sino en todas las fronteras del mundo.

Pato: Si, es cierto amigos, yo recuerdo también que la profe decía que la ética elevaba la condición humana la ética sola no servía, pero detrás de la política, si hacía que se ascendiera a lo humano.

La profe: Qué orgullosa me siento de ustedes chicos, se quedaron con lo mejor de mis clases, ahora, a poner en práctica la ética, cada uno a través de sus profesiones, por cierto ¿quién recuerda el nombre de esa parte de la ética?

Niní: algo que se parece a la odontología, ¿cierto?

La profe: Muy cerquita, muy cerquita Niní. corrijo . . . d e o n t o l o g í a . . .

LOS "OTROS" Y...
OTRO DÍA...

Tercera entrevista Nico-Josefina
Entrevistada: Josefina
Entrevistador: Nico

Nico: Durante el desayuno observé a una muchachita que servía mesas del lado contrario en donde estábamos sentados.

Un rato después, ya todos habíamos terminado de desayunar, inclusive dos oficiales de migración que se sentaron cerca delas mesas que atendía aquella muchachita y que observé la habían puesto nerviosa.

Me acerqué a una mesa cerca de ella y le pedí un vaso de agua. Me lo trajo y aproveché para preguntarle: ¿cómo te llamas?

Fina: Josefina, me respondió bajito.

Nico: ¿A qué hora sales de aquí Fina?

Fina: No salgo joven, vivo aquí

Nico: ¿cómo? ¿nunca sales?

Fina: no joven no puedo salir de aquí.

Nico: No entiendo fina.

Fina: por favor joven, no me pregunte más, me van a regañar.

Nico: De acuerdo, no te pongas nerviosa, por hoy no te preguntaré más. Pero voy a insistir en verte.

Fina: ¿Está en el hotel de Chona?

Nico:Sí, ¿por qué Fina?

Fina: Yo lo busco joven, ahí lo busco.

Nico: habían pasado ya dos días de haber hablado con Fina; llegamos cansados por la tarde, casi noche.me quedé dormido un buen rato. Me desperté y levanté dispuesto a bañarme, tomaba mi ropa rumbo al baño cuando escuché un toquido quedito a la puerta ¿Quién es? Pregunté. Nadie respondió . . . subí mi tono de voz, de nuevo ¿quién es? Y puse mi oído en la puerta. Débilmente escuché . . . Fina. Abrí de inmediato y atónito pregunté de nuevo ¿Fina?

Fina: Si joven soy Fina.

Nico: No podía creer lo que veía; una muchacha con zapatos muy altos, falda muy corta, blusa de tirantitos, chiquita, muy pegada al cuerpo, que hacía que sus pezones saltaran y se transparentaran. Cabello suelto, negro, bien peinado, rostro maquillado (demasiado para su edad, que no pasaba de los 16), boca extremadamente pintada de rojo . . .

Fina: ¿puedo pasar joven?

Nico: Si claro, pedón, adelante, siéntate por favor (en la orilla de mi cama,).

Fina: Es que sólo vestida así, puedo salir por las noches a buscar clientes joven.

Nico: ¿cómo Fina, te prostituyes?

Fina: No joven, me obligan a hacerlo por las noches; es que tengo que juntar el dinero que debo de mis dos primeros intento para ir al otro lado a buscar a mi mamá pa' trabajar allá con ella. Además me dijeron que ahorrara también para este tercer viaje. Me van a cobrar el 50 por ciento de adelanto de este otro viaje.

Nico: ¡No es posible Fina, ya trabajas de día!

Fina: pos sí joven, duermo poquito pero soy joven y aguanto.

Nico: ¡pero te puedes enfermar! Gravemente digo, una enfermedad de transmisión sexual.

Fina: Ay joven, ya me he enfermado, la doña Chona me ha dicho cómo curarme . . .

Nico: ¡ Dios mío, cómo llegarás a ver a tu mamá!!

Fina: No se preocupe joven, el oicial que esaba por ahí en mi trabajo hoy por la mañana, ¿lo vio?

Nico: No Fina, no lo ví ¿por qué?

Fina: mire ese señor oficial me ha protegido mucho de los "coyotes", y todos los que me molestan, o me usan y no me pagan; dice que me quiere como mi papá.

Nico: ufff Fina qué bueno!!! A ver ¿eso quiere decir que él no te pide sexo?

Fina: no joven, sí tengo apareamiento con él, pero me trata bien, cuando le digo que ya no, él se aleja, los otros no.

Nico: Fina, así no se relacionan los padres con las hijas, digo no tienen sexo con sus papás.

Fina: bueno joven, en mi casa, mi apá se aparea con mi hermana y mi amá no decía nada . . . eso quiere decir que está bien, o ¿no?

Nico: A ver Fina, cuéntame cómo es tu pueblo, cómo viven, qué comen, cómo duermen, cuántos son en tu familia . . .

Fina: somos 13 hermanos, mi papá y mi mamá. Todos mis hermanos son chiquitos, más que yo, sólo mi hermana tiene 15, la mayor soy yo. Vivimos en una casita de guano, salimos al campo a hacer nuestras necesidades y nos bañamos adentro si hay frío y afuera si hace calor. Dormimos en el suelo de tierra, pero algunos compadres de mis jefes nos regalaron unas colchas gruesas y las tendemos pa' dormir. Comemos cuando tenemos, si no hay pa' comer, tomamos agua con algunas yerbitas, dice mi apá que llenan la panza.

Nico: Fina ¿hasta cuándo piensas seguir aquí?

Fina: creo que dos semanas más, aunque eso me dijeron la última vez y de eso ya hace 2 meses y míreme aquí yo todavía. Bueno joven espero que lo que le dije le sirva pa' ayudar a los demás. ¿no va a querer un servicio mío?
Nico: No Fina, mira, sólo tengo 100 pesos, llévatelos y espero que Dios te ayude a salir pronto de aquí.

Fina: gracias joven y que Diosito lo oiga.

Nico: de nuevo tuve la sensación de vacío e impotencia ante lo que había escuchado . . .

De vuelta a los debates nocturnos de "nosotros"

Mau: Profe, me parece que en este relato desgarrador, encuadra en la falta de justicia para las mujeres, la impunidad con que se las trata al interior y exterior del hogar, ¿no cree usted?

Pato: Yo creo que sí maestra, yo estoy apanicada una, porque esta chiquita ve "noorrrmmaalll", ¡Diosss!!!. que su padre tenga sexo con su hermana en el propio hogar, otra, por la manera como una realidad penetra en el cerebro de una persona, para que ella misma permite que la vejen, que la dejen sin dignidad.

Nico: Yo me encuentro aún sorprendido, ¡tanto como cuando ví entrar a mi cuarto a la jovencita!!! Estoy ¡perplejo!!

Niní: Profe, ¡dónde están las leyes!

La profe: Tienen razón chicos, los preceptos constitucionales de sobre la dignidad humana, están plasmados en nuestra Constitución; sus objetivos van desde la guarda de los derechos humanos como garantías individuales, a la prevención de la no discriminación entre personas.

Mau: yo recuerdo profa, cuando revisábamos en artículo primero, espéreme tantito, creo aquí en mi mochila traigo una Constitución de bolsillo, ahhh

Aquí, está, se los leo:

"En los Estados Unidos Mexicanos todas las personas gozarán de los derechos humanos reconocidos en esta Constitución y en los Tratados Internacionales de los que el Estado Mexicano sea parte, así como de las garantías para su protección, cuyo ejercicio no podrá restringirse ni suspenderse, <u>salvo en los casos y bajo las condiciones que esta constitución establece.</u>"

Mira Pato lo que aquí dice, esto yo pienso que se debe tomar en cuenta en la frontera sur, léenoslo por favor:

". . . Está prohibida <u>la esclavitud</u> en los Estados Unidos Mexicanos. Los <u>esclavos del extranjero que entren al territorio nacional alcanzarán, por este solo hecho, su libertad y la protección de las leyes.</u>

Queda <u>prohibida</u> toda <u>discriminación</u> motivada por origen <u>étnico</u> o nacional, <u>de género,</u> la edad, las <u>discapacidades,</u> la <u>condición social,</u> las condiciones de <u>salud, la religión,</u> las opiniones, las <u>preferencias sexuales,</u> el Estado civil o cualquier otra que atente contra la dignidad humana y tenga por objeto anular o menoscabar los derechos y <u>libertades</u> de las personas.

La profe: Ustedes ahí encuentran la respuesta chicos.

Niní: Si profa, pero en papel, mire lo que estamos encontrando en la realidad. No se vale.

La Profe: Si muchachos desafortunadamente todo eso es papel, pareciera "letra muerta". Ahora, el principio de igualdad u "otredad" no funciona en la realidad, porque muchas autoridades no tienen una verdadera vocación política que mueva la voluntad de hacer por los otros, empezando por informar a estas personas sobre sus derechos humanos. Claro esto funcionaría si a las autoridades de la decisión pública, realmente les interesara lo que le sucede a "los otros", base de los derechos humanos; si esto no se comprende perfectamente bien, no hay avance.

Nico: yo recuerdo profe cuando nos platicaba con aquellas películas como "Matar al Ruiseñor" o "Tiempos Modernos", en términos de justicia, le hacemos daño a quien no nos lo hace, sólo porque observamos su enorme deseo de salir adelante (como en Matar al Ruiseñor), o lo que le pasa a las personas por estar en donde no debe estar, a la hora que no debe hacerlo (como Chaplin), y recuerdo que en ambos casos refería usted a un autor clásico que no recuerdo su nombre, pero que hablaba de los dos grandes principios de justicia que están relacionados con la igualdad.

La Profe: Rawls, Nico, John Rawls . . .

Nico: ¿cómo era?

Pato: creo que el primero de estos principios se relacionaba con el derecho igual a libertades básicas, y el segundo principio hablaba de empleos para todos. ¿Era así profe?

La profe: si muchachos, les repito, en cada debate me sorprenden agradablemente más. Fíjense que además todo esto tiene que ver con la democracia. Recuerdo que, habla de la democracia estrechamente vinculada con la igualdad; decía que la legitimación del poder se atribuye a muchos y no a unos pocos. Hay tantos y tanto autores nacionales e internacionales que escriben sobre esto, pero, la verdad chicos. ¿Ustedes creen que a todas estas personas que estamos entrevistando en esta frontera, les interese todo esto?

Pato: uy profe pues debería interesarles . . .

La Profe: Pato, chicos, ellos ni siquiera saben que tienen derechos y que son constitucionales. Tienen temor, pero ese temor que dá pánico, que paraliza, no aquel que te agita, que te mueve, para informarte, para salir adelante . . . etcétera. En el caso de Fina, la jovencita que entrevistó Nico, ¿Ustedes creen que ella sabe que para la protección de las mujeres existen una cantidad enorme de leyes, decretos, acuerdos, pactos que la protejen dentro y fuera de su hogar? No chicos, ellos no están enterado de esto, ya hemos observado que ellos leen cuando mucho para orar por este viacrucis que viven de frontera a frontera. Tenemos que usar nuestra creatividad para buscar los medios primero para informar, para que ellos adquieran el sentido de pertenencia a una identidad individual y a una colectiva.

Niní: Ayy profe, ahora sí que nos dejó sin habla.

La Profe: no pretendo que hablen, sino que reflexionen, que echen mano de su creatividad y escriban acciones para

M E J O R A R, esto con lo que nos estamos encontrando. Por eso estamos discutiendo por las noches, de lo que sucedió por el dia . . . Por cierto ya es muy noche . . . Debemos dormir . . .

DE VUELTA A LOS "OTROS" Y ...
A UN NUEVO DÍA ...

Cuarta entrevista de Niní-Hortencia

Entrevistada: Hortencia
Entrevistadora: Niní

Niní: Buenas tardes chiquita, ¿vives por aquí? Dame unos Adams (chicles) por fa !

Tenchita: Sí señito, son diez pesos.

Niní: gracias, ¿vienes bien surtidita de todo, no?¿cómo te llamas?

Tenchita: Hortencia pero me dicen Tenchita, pos sí señito dice mi patrona que si no traigo de todo un poquito pos no vendo ...

Niní: pero esta caja es grande y pesada para ti ¿andas todo el día con ella?

Tenchita: pos sí señito, lo bueno es que ya pa' la tarde pesa menos.

Niní: Si pesa menos, traerás mucho dinero ¿no te da miedo que te roben?

Tenchita: no señito porque cuando junto 200 pesos, tengo que ir a entregarlos a mi patrona.

Niní: ¿cuántas veces vas a ver a tu patrona?

Tenchita: Pos no se porque a veces le mando mensaje con algún otro vendedor que tenga celu y ella viene por la venta.

Niní: ¿son muchos los venddores por aquí?

Tenchita: uyy señito, andamos como diez, por aquí más los de los pueblos que son muchos, no sé cuántos. Señito ya me voy, tengo que seguir.

Niní: No me dijiste cuántos años tienes, de dónde vienes. Dame una palanqueta y un cigarrillo, aquellas galletas también. Ves Tenchita, sigues vendiendo conmigo, ¿para qué te vas?

Tenchita: Pos sí señito, pero ya me tardé mucho.

Niní: yo creo que mientras vendas y vendas, está bien ¿no crees? ¿cuántos años tienes? ¿de dónde eres? ¿y tus papás?

Tenchita: tengo 19, mi pueblo está en Salvador, mi apá está allá en el pueblo con mis hermanos, dice que de ahí ya no sale porque ya lo conocen y le dan fiao el alcohol con que se emborracha pa´olvidar a mi amá. Ella ya tiene un año trabajando allá para mandarnos dinero y mantenernos, pero hace tres meses que no manda . . . Yo voy a irme con ella.

Niní: Tenchita estaba mintiendo, no tenía más allá de 13 años; el peso de la caja parecía vencerla. De su familia no dudo que diga la verdad, pero el lugar exacto donde vivía su familia nunca lo quiso decir . . . .

¿oyes Tenchita y tú sabes exactamente en dónde está tu mami?

Tenchita: No señito, pero en cuanto junte el dinero pa'l viaje me lo dirán.

Niní: Asegúrate que te lo digan.

Tenchita: uyyy señito, no me diga cosas tristes, por favor . . .

Niní: ¿sólo trabajas de día?

Tenchita: ya me voy señito, ya no me puedo quedar. Gracias. Ahi nos vemos

Niní: salió corriendo como pudo la pobre chiquita.

LOS DEBATES NOCTURNOS DE "NOSOTROS" SOBRE TENCHITA Y NINÍ

La Profe: Qué opinan muchachos?

Mau: es muy obvio, profe que estamos ante una historia igual a las anteriores, de explotación de menores, de engaño, de círculos de corrupción a niveles indescriptibles, ante lo cual hay un sentimiento de impotencia-

Pato: Así es profe. Estoy de acuerdo con Mau, más allá de lo que uno puede hacer, es lo que uno ve, vive, en estas historias de la realidad, una realidad que duele mucho, sobre todo por el grado de impotencia.

Nico: estoy de acuerdo con los chicos; me siento desarmado ante todo esto, me quisiera quedar,hacer algo . . no sé . . .

Niní: Qué puedo decir profe . . . , aún estoy perpleja . . . comparto el sentir de mis compañeros, pero no sé qué hacer, antes de salir de esta área . . .

SEGUNDA PARTE (2011)

LAS ENTREVISTAS

Actores:
La profesora, Luisa, María

Personajes:

Los migrantes, exmigrantes, autoridades y personas bondadosas del entorno, reflejados en esta pequeña parte de un territorio compartido

PREÁMBULO
A LA SEGUNDA PARTE

Tan pronto me enteré que había sido invitada a disertar una conferencia en Tuxtla, Gutiérrez, Chiapas, me comuniqué con aquellos ex alumnos que me habían acompañado en 2006, a realizar la indagación acerca de la migración de la frontera sur. Los invité a acompañarme de nuevo para darle seguimiento a lo que ahí había sucedido en ese lapso de cinco años. Ninguno de ellos estaba disponible, (todos tenían trabajo, por fortuna), entonces le hablé a otra investigadora colega mía, radicada en San Cristóbal de las Casas; ella estaba informada perfectamente de la etapa de investigación 2006. La invité también a unirse al equipo, sometí a su consideración mi plan de trabajo y la ruta.

Luisa, mi amiga aceptó el nuevo reto e invitó a otra investigadora, María; yo no la conocía. Como yo mi compromiso lo tenía en Tuxtla, quedamos en encontrarnos en la Ciudad de Tapachula cuatro días después. La pequeña agenda quedaba como sigue:

1) Encuentro en Tapachula.
2) Discusión del plan de trabajo, que no era más que,
   a) Entrevistas con migrantes, ex migrantes y oficiales de Migración

b) Debatir, reunirnos, escuchar, analizar y proponer, al final del trabajo compilado. Transcribirlas y enviarlas a una carpeta, para, posteriormente, pasarlas a algún formato de publicación.

Primera entrevista: Aureliano-Luisa

Entrevistado. Don Aureliano (ex inmigrante asentado –con documentos en regla-, en San Cristóbal de las Casas, Chiapas, originario de Guatemala) Entrevistadora: Luisa

Luisa: Don Aureliano buenos días, como quedó usted con la profesora hace dos días, parte de ella dispuesta a platicar con Usted.

Aureliano: Adelante licenciada, está en su pobre casa, dígame en que le puedo servir.

Luisa: Qué le parece si abro mi grabadora y usted me platica sus experiencias en su caminar como migrante, hasta el día de hoy que ya se encuentra usted con documentos en regla, y radicado ya con su familia y todo eso . . .

Aureliano: Me parece bien licenciada

Luisa: Dígame Luisa por favor, sólo Luisa y yo le diré Aureliano, ¿le parece?

Aureliano: Si claro maestra Luisa, y para no hacer que pierda mucho el tiempo empiezo. Fíjese que a mí una vez me pusieron una pistola en la cara, una pandilla de delincuentes, sin saber que yo traía el dinero de todos los compañeros que venían conmigo. Como yo ya tenía experiencia de cinco viajes anteriores. Ya migración me había devuelto cinco veces antes, pues cada viaje había sido una experiencia, entonces a los que venían conmigo les dije que si me tenían confianza me dieran todo su dinero para guardárselos y ¿qué cree? Confiaron en mí y me entregaron todo su dinero.

Luisa: ¿y qué pasó?

Aureliano: Pues que en ese viaje, esos delincuentes nos detuvieron como le decía, yo pude escaparme mientras agarraban a todos mis compañeros.
A los otros que se llevaron, los golpearon bastante, encabronados porque no les encontraron dinero, a uno de ellos le quebraron dos costillas, lo golpearon hasta dejarle la carne colgando. Al día siguiente, volví por la carretera para saber quiénes de mis compañeros aún estaban ahí, para seguir nuestro camino; de repente escuché unos clamores de queja, me dio curiosidad y me regresé a ver entre el monte, ahí estaba ese compañero, destrozado, lo revisé y tuve que llamar al grupo Beta para que lo recogieran.

Luisa: ¿Qué es el grupo Beta?.

Aureliano: Creo es un grupo que trabaja coordinado con migración, ellos tienen todo pintado, uniformes, carros, como achotados, los de migración son verdes, los Betas negros con blanquito.

Luisa: y ¿Qué hacen los Beta?

Aureliano: Deben apoyarnos, llevarnos agua, alimentos, medicamentos, llevarnos al hospital, etc. Uno ve muchas cosas Doña Luisa. Hubo migrantes a los que los delincuentes asaltaron, violaron a sus hijas, mataron a sus hijos. Un compañero que pasó todo esto, se regresó a su tierra con su hija violada, muy mal, y como su hijo quiso defenderla, lo mataron. Esas personas se vuelven sin nada y en peor situación de la que tenían antes de viajar.

Luisa : y ¿quiénes son esos delincuentes?

Aureliano: Yo no sé si son mexicanos, pero pienso que también hay gentes de otros países, y que todos están coludidos con autoridades, porque andan dando rondas en bicicletas. Checan a todos nosotros, para saber a dónde vamos, de dónde venimos . . .

Luisa: Aureliano y ¿Migración, cómo se portan con ustedes? ¿los protejen?

Aureliano: Si la verdad se portan bien. Y el grupo Beta también, ellos a eso se dedican a proteger a los migrantes, ellos sólo preguntan a migrantes en que los pueden ayudar, y les preguntan si se quieren regresar, si sí quieren, entonces los llevan a Migración, si no, los ayudan pero no los reportan.

Luisa: ¿Y qué porcentaje de los migrantes cree usted que son los que vienen con la idea de llegar a los Estados Unidos

Aureliano: Pues mire, me atrevería a decir que casi el 100 por ciento vienen con idea de irse a los Estados Unidos, los que nos quedamos en México, es porque encontramos un trabajo, como yo, ya después el patrón en mi caso- me ayudo a traer a la familia, y ya con la familia aquí, pues yo ya no me puedo ir y dejar a la familia botada aquí.

Luisa: Le pregunto esto porque allá por los años sesenta muchísima gente se quedaba a trabajar aquí en las cafetaleras, por salarios ínfimos; eran explotados como ahora.

Aureliano: Pero ahora pues no, no creo que uno siga siendo explotado como lo fuimos los que viajábamos hace diez o quince años, es que no sabe todo lo que nos hacían . . . usted me va a perdonar, pero a mí me tocó ver cómo a los chamaquitos y a las niñitas que detenían con sus padres o con su papá o su mamá, se los quitaban a ellos, y había tipos que venían hasta durante el día en coches que se notaba eran de riquillos, viejos y jóvenes, a ellos les entregaban a estos chamaquitos de entre nueve y quince años, los violaban, sus padres no volvían a verlos, dicen que los entregaban por dinero a la prostitución . . . mire me acuerdo y se me pone el cuero de gallina . . . hubo chiquitos que se desangraban tanto de sus partes íntimas que ahí quedaban, y nadie podíamos meternos, nos fichaban y corríamos el riesgo de que nos mataran . . . fue horrible . . . Por eso yo no dejo a mis niños con nadie.

Luisa: pues eso necesito que me cuente Aureliano, porque me llama la atención que usted me diga que hoy no son tan explotados como antes.

Luisa: Mire don Aureliano, se lo digo por experiencia. A mi amiga, la profesora que ideó todas estas entrevistas dice que, TODO MIGRANTE INDOCUMENTADO ES EXPLOTADO AQUÍ Y EN TODO EL MUNDO; ella trabajó como indocumentada en Barcelona, primero como Au-Pair, una especie de institutriz que cuida y educa niños, y que realmente es sólo una sirvienta; luego, consiguió un trabajo para hacer traducciones de español a inglés, de instructivos de juguetes, esto lo hacía desde casa de la hermana de su amiga mexicana, casada con un catalán, quien era el dueño de la fábrica de juguetes, dice que le pagaban bien, pero que nunca tan bien como cualquier traductora LEGAL. Sin embargo, ella dice que pudo ahorrar para irse a Londres a estudiar.

Ella me platicó que al mes de llegar a Londres con calidad migratoria de estudiante, vio que, o trabajaba ilegal o no iba a terminar de estudiar. Así que se puso a trabajar como lava platos y camarera en hoteles, ahí sí que no dejaban trabajar a nadie de acuerdo a sus capacidades . . . sólo les daban trabajos como mesera, o cocinera o lavaplatos, limpia cines, calles, oficinas, y muy mal pagado, a ella no le alcanzaba, ganaba en libras, pero gastaba en libras esterlinas (la moneda de Londres). Tal vez porque ella se pagaba su escuela su cuarto, su comida, su transporte, y TODO EN LIBRAS. Ella me ha contado todas las vejaciones y humillaciones que tuvo que pasar por terminar de estudiar su inglés y ya tenía una carrera universitaria. Me cuenta ella que una vez, trabajando en un hotel de una pareja de homosexuales que por hijo tenían un gato; un día que ella limpiaba el sillón en donde el gato permanecía, ella debe haber hecho algún movimiento que espantó al gato, que maullaba como si lo hubiesen golpeado; llegaron los dos homosexuales, la cogieron de los cabellos y la encerraron en el baño a golpearla por lo que ella –supuestamente-, le había hecho al gato. Cuando la dejaron libre, salió corriendo y estaba tan asustada que no volvió ni por su sueldo semanal.

Así que ya ve don Aureliano AQUÍ Y EN TODO EL MUNDO SE EXPLOTA A LOSMIGRANTES, SE LES HUMILLA, SUFREN VEJACIONES . . . Pero sígame contando, y discúlpeme que no esté de acuerdo con Usted, yo creo que ahora hay mayores formas de explotación, es decir, ya no son sólo delincuentes los que vejan, agreden y matan a migrantes, ahora, son los miembros del crimen organizado, Los zetas, las redes de pedofilia, de prostitución, de pornografía infantil, de victimización de mujeres, las modalidades de sometimiento son más diversificadas.
¿Como ve Aureliano?

Aureliano: pues creo que usted tiene razón licenciada, no lo había pensado así, lo que sí puedo asegurarle es que cada vez son más los paisanos que quieren pasar para el otro lado. A mí me buscan muchos paisas para eso, pero yo al "pollero" no le hago, imagínese usted, haber sufrido tanto con ellos, y luego hacerle a lo mismo, pues como que no, ¿no cree?

Luisa: Claro Aureliano, claro, ahora dígame, ¿cómo logró radicarse aquí?, ¿truncar su sueño americano? ¿ se truncó realmente?

Aureliano: Mire lic, en el último intento por treparme al tren para ir a buscar a mi hijo, tengo un hijo mayor en Estados Unidos, él si logró pasar, pero no puede salir y aquí nos tiene, sin vernos. Él dice que se han puesto muy duras las cosas allá, en los usas, sobre todo con el empleo . . . y dice que la pasada a México está terrible para los paisanos; yo, pues no pienso moverme, aquí están mis chiquitos, su escuela, mi mujer, mi terrenito, y aunque me acabo de salir del trabajo, yo creo que Diosito no nos dejará solos y conseguiré otra chamba.

Luisa: ¿y por qué dejó el trabajo?

Aureliano: pues porque ya el patrón me humillaba mucho Lic, y pues en mi vida ya he sufrido muchísimas humillaciones, además para toda la responsabilidad que tenía me pagaba muy poquito, y empezó a dudar de mí, porque decía que yo metía a trabajar a mis paisanos indocumentados y por eso yo le iba a traer muchos problemas con Migración, y eso no es cierto, los ayudo cuando puedo sí, pero en mi casa, los alojo, les damos comida, pero al trabajo, sólo recomendé a dos, bien trabajadores y por poquita paga también, eso le conviene al patrón, y sabe que conmigo ahí, pues no tenía problemas, los migra, los beta y autoridades me conocen como buen hombre y chambeador, responsable y honesto.

Luisa: Viéndolo desde su sentir, hizo bien Aureliano y tiene razón, lo que uno tiene siempre por delante es la dignidad, esa no la compra nadie. ¿Siquiera lo indemnizó bien su patrón, quiero decir de acuerdo a la Ley?

Aureliano: pues mire Maestra Luisa, no lo sé, lo que sé es que le firmaba por una cantidad menor y él me daba un "extra" decía él, en realidad me dio sólo cuatro mil pesos por 8 años de trabajo. Mire, Diosito es muy grande y eso nos alcanzará para comer a mí, a mi mujer y mis hijos, en lo que consigo otro trabajo. Mire estas manos, he sido de todo, ahora era capataz de rancho pero sacaba toda la chamba, hasta aprendí a manejar . . .

Luisa: Mire Aureliano, piense en capitalizar, en aprovechar todas esas habilidades que ha tenido que aprender y seguro le valdrán para un nuevo trabajo en donde lo traten como el buen ser humano y persona responsable que usted es. Seguro, lo encontrará rápido . . .

Aureliano: Si maestra estoy seguro y confiado en eso, uno de los oficiales Beta, me prometió apoyarme, me van a dar cartas de recomendación. Entre tanto, mire, no cambio mi tranquilidad, mi familia, mi parcelita, la escuela de mis hijos . . . . por nada; esto para nosotros es un paraíso, salimos de la nada, eso son nuestros países para nosotros los pobres, NADA, y hasta donde sé, incluso los universitarios están saliendo desde hace años, estudian con muchísimos sacrificios para nada, luego no encuentran trabajo en sus carrera de universidad. Por eso cada vez son más los migrantes y créame Maestra Luisa, entre los migrantes ya se encuentran también personas estudiadas. Eso es muy triste ¿no cree?

Luisa: Claro que es muy triste Aureliano. ¿Algo más que nos quiera platicar?

Aureliano: Pues ya usted me conoció, conoció a mi familia, a mi mujer y mi casa, aquí quedo a sus órdenes y bueno, en lo que podamos servirles. Salúdeme a la profesora por favor . . .

Luisa: Claro que sí, muchas gracias Aureliano, por su amabilidad y por este tiempo que le quitamos de sus actividades. Cuando se haya publicado el trabajo, le prometo regresar a darle la publicación.

SEGUNDA ENTREVISTA: SARA-MARÍA

Entrevistada: Sara
Entrevistadora: María

María: Hola Sara, buenos días, ¿puedo platicar contigo?

Sara: ¿quién es usté? ¿cómo sabe mi nombre?

María: No temas, aquella señora me dio tu nombre (una vendedora de tamales que llevaba dentro de una canasta, yo la señalé).

Sara: Ahh, si ella dijo, pos sí, dígame, yo también vendo tamalitos, si me compra le platico.

María: De acuerdo Sara, te compro tamalitos para mí y mis compañeras investigadores dame 10 por favor . . . los voy a llevar.
Sara era una niña que parecía de 10 años, en realidad tenia 16, desnutrida, pelo mal cortado, labios muy gruesos y muy delgada y pálida, de no ser por su vocesita cansada, hubiese pensado que era un chico. Muy lista en lo que estaba haciendo.

Sara, te gustaría responder algunas preguntas, te grabaría . . . y luego las escribiré. ¿cómo ves?

Sara: ¿Me va a comprar más tamales? ¿quién es Usté? ¿qué quiere que le conteste.

María: ok. Sara, me darás 5 tamales más para llevar. Soy profesora investigadora de una universidad y junto con otras dos compañeras, estamos haciendo una investigación acerca de los sufrimientos que los migrantes padecen en su camino a los Estados Unidos de América. ¿no eres mexicana, cierto?

Sara: no, seño, soy de Salvador, ¿seguro no es usté de la migra?

María: no Sarita, no soy de la migra, ya te expliqué lo que hacemos.

Sara: ay seño es que yo tengo que desconfiar, no me vayan a devolver a mi pueblo.

María: ¿trabajas para alguien? ¿te pagan?

Sara: Claro seño, mire yo vine con mi mamá, pero como no pudimos juntar dinero pa' viajar juntas, pos aquí me dejó, entre muchos compañeros, en un vagón, pero yo no sé qué les pasó a ellos, un día unos fulanos subieron al tren con harto alcohol y aguardiente. Muchos ya borrachos, me violaron y casi me muero, pero una persona de derechos humanos, me llevó a un hospital o consultorio creo, me atendieron y la seño que limpia el consultorio me llevó

con ella, ella hace los tamalitos y yo la ayudo a vender, pero tengo con ella un trato, voy a trabajar pa'
Juntar el dinero que me cobra el pollero por llevarme con mi mamá

María: ¿O sea que tú sí quieres ir a buscar a tu mamá? ¿sabes dónde está ella ahora?

Sara: pos exactamente no, pero el pollero ayuda a uno a encontrar a los familiares

María: eso es bueno para ustedes ¿no crees Sarita?

Sara: muy bueno señito, oiga me tengo que ir, allá vienen en "la bestia".
Voy a rezar con mis compañeros . . . . salió corriendo con la canasta casi vacía . . .

María: Sarita espérame yo voy contigo . . . espérame . . . seguiremos platicando . . .

Sara: pos corra seño, corra . . .

María: corrí detrás de Sarita, llegamos ante un grupo de inmigrantes que ya estaban hincados orando . . . "Señor, ayúdanos a llegar al norte, ayúdanos a lograr la meta . . . ." Seguían orando mientras se escuchaba el silbato de un tren . . .
Terminaron de orar y le pregunté a Sarita, ¿se brincan al tren y el tren no se para?

Sara: No señito, hay que brincar ¡

María: ¿ y al menos saben hacia dónde va el tren?

Sara: Pos mire de aquí van a Tierra Blanca, Veracruz, y de aquí a Orizaba son más o menos cuatro horas y media de camino. Ellos casi siempre usan el tren, digo mis paisanos y otros. Es que ahí no pagan . . . . Por eso es que antes de "brincar" hay que rezar. Ellos no tienen ni comida . . . aprovechan cuando el tren para pa' bajar a recoger fruta. Dentro de ellos hay una persona que dicen es el que reconocen para que los guíe. Él también está pendiente de que vayan arriba bien agarrados, si les llega a llover, ahí arriba si les llueve, se bañan.

María: Eso cansa mucho ¿no?

Sara: si señito además de cansados, mojados, hambrientos y a veces enfermos, así siguen el viaje.

María: Sarita se veía también muy cansada y luego sin soltar su canasta, que aunque semi vacía, corriendo yo supongo, le pesaba mucho . . . le dije tú sabes mucho de todo este viaje, debes estar ansiosa por hacerlo . . .

Sara: uyy señito imagínese, con mis ojos, recorro cuantas veces puedo, esta ruta y hago esto todas las tardes y todas las veces que puedo. Cuando veo que el tren se pierde, siento unas ganas de llorar . . . ya hace casi un año que no veo a mi familia . . .

María: busqué sus ojos grandotes, nunca me los dio . . . estaban fijos en las vías del tren . . . me acerqué a ella por la espalda, tomé sus hombros con mis manos y le dije quedito . . . Sigue orando Sarita, sigue orando con muchas ganas, pronto podrás marcharte en busca de tu mamá . . . pronto tu también estarás en ese tren . . .

Sarita: Sí señito, eso creo, sí.

María: Sarita lloraba en silencio, al tiempo que abrazaba su canasta con sus dos manitas, pero alcancé a ver lágrimas en sus ojotes . . .

Muchas gracias por hablar conmigo Sarita, muchas gracias. No esperaba respuesta . . . así fue . . . no respondió más.

Tercera Entrevista:
Juliana-María

Entrevistada: Juliana
Entrevistadora: Maria

María: Entré a la parroquia buscando al párroco con el que había hablado para que me consiguiera una entrevista con una voluntaria católica, misionera de buenas nuevas para los migrantes.

Buenas tardes Padre: Soy María, la persona que habló por teléfono ayer con Usted, acerca de una entrevista con alguna misionera de buena voluntad con los migrantes de la frontera sur.

Párroco: Si hermana ya recuerdo, y mire tiene usted suerte, Juliana, la misionera está en la iglesia orando. Allá en la capilla de San Judas Tadeo, (el santo de los casos difíciles), venga conmigo, me parece que ya terminó, sígame por favor, mire allá ... Hermana Juliana, buenas tardes, aquí le traigo a la persona que le comenté la iba a entrevistar, con respecto a los migrantes que usted en buena parte atiende.

Juliana: Padre, buenas tardes, si ya recuerdo, pues aquí estoy para servirla ...

Párroco: Bueno hijas las dejo para que conversen.

María: Gracias Padre, mucho gusto Juliana, espero no le importe que la grabe. Es con fines de investigación, creo ya el Padre le dijo quien soy. Juliana tenía una cara de bondad muy grande, una mirada profunda y nítida, su cabello largo, negro, entrecano y trenzado, bajita, con ropa tan limpia como su alma tenía que ser; enseguida pude imaginarme por qué la llamaban misionera de buenas nuevas.

Juliana: No señorita María, ya el Padrecito me explicó todo y yo estoy para servirla, todo lo que podamos hacer por ayudar a mis hermanos migrantes; yo también fui una migrante, nací en Honduras, ahora soy mexicana, y sufrí muchísimo, hasta que encontré cobijo en este país y con personas tan buenas como el Padrecito.

María: Gracias Juliana, muchas gracias, su comprensión me hace más fácil todo, y sí la intención es ayudar a las personas que pasan por nuestro país, y que aquí mismo permitimos que sufran todo lo que me puedo imaginar Usted habrá sufrido. Pero bueno, dígame, Usted cómo hace su labor de buenas nuevas.

Juliana: No señorita, gracias a Usted por preocuparse por nosotros, mire yo estoy por acá de paso, mi área de trabajo es en un albergue que está en la Ranchería el Santuario, primera sección que pertenece al municipio de Macuspana, esto es ya en Tabasco. En esa comunidad toda la gente apoya a los migrantes por medio de la iglesia católica y el patronato que formó un grupo de protección a migrantes. Cuando el tren se retrasa, los migrantes caminan y caminan aquella loma y todas las que faltan para llegar al tren . . . Como es gente que viene y va con problemas de desnutrición, desvelo y otras cosas, su salud se encuentra muy dañada, además de llegar hambrientos, agotados, con ropa sucia, llegan al albergue, que realmente es una galera . . . con algunas comodidades y una capillita de oración.

María: ¿Tienen algún apoyo del gobierno?

Juliana: ¡No! ¡no! el gobierno no tiene nada que ver, los recursos son los que nos donan las buenas personas y algunos comercios. Está en una buena zona de migrantes, está entre dos puntos de reunión de migrantes, uno el de Tenosique, otro municipio de Tabasco que tiene límites con Guatemala. Otro punto es Salto de Agua-Apasco. Por esa zona cuando pasa el tren (La Bestia), sí baja un poco la velocidad y ellos aprovechan para brincarse. Esos son sus rumbos. Por ejemplo el tren que para en Apasco . . .

María: ¿De dónde viene ese tren?

Juliana: No sé señorita María, no sé de dónde viene. Sé que sale de Apasco, ranchería Buenavista es carguero, lleva un material que se llama clinker,

María: ¿Qué es el clinker?

Juliana: es algo del cemento, es como una gravilla, la sacan del pobre cerro que ya está hasta hueco de tanto que le han sacado. Tengo entendido que el tren que sale de Apasco cargado con clinker, va cerca de la frontera con Estados Unidos de América, los migrantes que toman este tren creen que es el mejor, porque los llevará más cerca de la frontera norte, pero sufren mucho, porque en esa área llueve mucho y a veces el tren tarda hasta tres días en llegar, o en salir, y por ahí no hay albergue y aunque pasan dos o tres trenes, ellos prefieren tomar el de Apasco. A veces tienen que brincar de un tren a otro porque cambian de vías y de trenes, por eso hay tantos accidentes, se cortan una pierna, les pasa el tren encima, los matan, entonces ahí en Buenavista, ahí ellos se quedan entre el monte, y si llegan en viernes por ejemplo, no habrá tren sino hasta el lunes, entonces los migrantes siguen llegando y se albergan entre el monte. Ellos lo prefieren así porque son áreas no muy vigiladas. Los únicos que les hablan fuerte son los grupos de derechos humanos. Ellos ubican al pollero, al líder de los migrantes (que no es el pollero).

María: Doña Juliana ¿cuál es la función del pollero si prácticamente ellos van solos?

Juliana: mire usted, el pollero, está comprometido con ellos, porque ya le han pagado o le pagan la mitad, para llevarlos a la frontera con USA, inclusive algunos de los polleros ya les tienen trabajo a los migrantes en USA. Pero cuando uno de ellos se accidenta, ahí queda, a la buena de Dios, ya que el albergue no se hizo en Apasco.

María: Doña Juliana, una pregunta si ubican a los migrantes en esa área, por qué el albergue no se construyó ahí?

Juliana: Mire usted, porque la Iglesia queda dentro del poblado, ahí Migración si puede agarrarlos, por eso la iglesia construyó el albergue más cerca de donde ellos pueden saltar al tren, pero lejos del pueblo. Ahí en el albergue se les da un cambio de ropa, jabón de baño, pasta de dientes, para que ellos se aseen; ellos una vez que se suben al tren, no se cambian. En el albergue tardan un día o día y medio, ahora, cuando llegan al alberque es cuando se les da el cambio de ropa, lo que le dije arriba y las tres comidas. Para que por lo menos se aseen y coman y se cobijen del agua, del frio. Se les dan también medicamentos. Lo que siempre se les da es diclofenaco y paracetamol. Traen hongos casi siempre. Se les dan antibióticos, en los días que están ahí, toman la medicina y se les proporciona al menos una caja para que se lleven.

Llegan también muchas mujeres sangrando, con abortos, ellas se deben mover a un hospital, a nosotros nos entrena el licenciado de derechos humanos: tenemos que ir primero a buscar al médico rural, él las explora y diagnóstica, les da medicamentos y extiende un certificado médico, con ese certificado hay que ir a ver al delegado municipal, él en el diagnóstico o en otra hoja, escribe los motivos por los que deben atenderlas en el hospital regional; esas mujeres no pueden ir así nadamás, tenemos que llevarlas al centro de salud en la cabecera municipal, algún migrante que se encuentre en la iglesia católica va con ella, para que entregue los documentos y que ahí se le acabe de atender . . . generalmente se les hace un legrado. Por cierto, últimamente a estas mujeres se les dan anticonceptivos; algunas los toman por su propia cuenta, digo conscientes de los peligros a los que se enfrentan en el camino.

María: ¿con qué frecuencia se presentan estos casos de aborto en esas mujeres?

Juliana: es muy seguido, de siete días a la semana, cinco de ellos.

María: ¿esto quiere decir que salen de sus pueblos embarazadas?

Juliana: A veces en el camino son víctimas de ultraje, ahí las violan y de ahí ya vienen embarazadas, otras sí, desde sus pueblos. Estas mujeres hacen lo que los hombres, brincan a los trenes, a veces se caen, se empiezan a desangrar y al albergue llegan casi muertas.

María: ¿pero quiénes las embarazan?

Juliana: no se sabe a ciencia cierta señorita María, son presa fácil para todos en el camino-

María: Y luego ¿qué hacen?

Juliana: se quedan en el hospital, regresan dos o tres días después; algunas vuelven a las galeras a ponerse de acuerdo con el pollero si quieren seguir su camino, otras bajan al pueblo a acomodarse como sirvientas. A veces el mismo pollero las regresa a sus pueblos de origen. En el albergue también se les compra una tarjeta telefónica para que hablen a sus pueblos y avisen que están bien.

María: Doña Juliana, ¿el pollero cobra?

Juliana: ¡claro, ese es su negocio!

María: ¡Pero si no tienen nada, ni siquiera trabajo! ¿cómo pagan?

Juliana: Ay señorita, venden o empeñan su casita, su parcela, sus pertenencias, lo poquito que tienen o se contratan como sirvientas en el mejor de los casos, a veces se prostituyen en México, hasta reunir dinero, por ejemplo los hondureños y salvadoreños vivimos en pobreza extrema, una muchacha de allá me platicaba que lavaba ropa en tres casas y en cada una ganaba 10 pesos mexicanos diarios (menos de un dólar americano), ella no podía enviar nada a su casa con con ese salario.

María: entonces aquí también son víctimas de la explotación.

Juliana: no es explotación, es que los ricos tienen sus tarifas y eso pagan allá en el sur.

María: Juliana, Usted es demasiado bondadosa, demasiado humana, para pensar eso, pero yo le digo que eso que hacen los mexicanos ricos con personas como estos centroamericanos, es explotación pura, por donde se le vea. Es muy triste Doña Juliana pero en nuestro país en pleno Siglo XX existe la explotación. Por ejemplo mire el salario mínimo en México apenas alcanza los 57 pesos al día, un catedrático como mis amigas y yo, un médico cirujano de alguna institución como el Seguro Social o el ISSTE apenas alcanzamos los 22 o 25 mil pesos al mes, cuando un diputado gana 200 mil pesos al mes más otros extras como dietas, regalos, etcétera, llega a alcanzar casi los 350 mil pesos. Aparte de sus grupos de asesores con (en la mayoría de los casos amigotes que no hacen nada), con sueldos de vergüenza para un país con más de la mitad de su población muriéndose de hambre, y existen excelentes técnicos calificados con salarios de hambre.

Mire Usted, hay en México 132 programas sociales en los que el Gobierno Federal invierte miles de millones de pesos, fueron creados para apoyar a la gente de escasos recursos . . . Lo triste es que de esos 132, sólo siete funcionan y no son precisamente los de empleo temporal o fijo.

Juliana: Ni hablar maestra usted sí sabe, yo no tengo conocimiento de todo eso que usted habla, pero vivo las enormes carencias de estas personas, y la lucha diaria por conseguir apoyos para auxiliarnos con las cosas más simples, como un jabón de baño o una sopa calientita. En verdad es muy difícil, está tan fregada la situación que la gente cada día da menos, nosotros muchas veces tenemos que poner hasta nuestros pasajes para seguir haciendo labor . . .

María: Si doña Juliana, por eso le digo que la labor que usted y otras personas hacen es verdaderamente grande, sobre todo en estos tiempos, de carreras, de estrés, de desconfianza en todo y en todos.

¿Recuerda usted algo más acerca de los migrantes?

Juliana: Sí maestra . . . recuerdo haber visto pasar muchos paisanos, que ni han llegado a sus destinos, ni han regresado, ahora dicen que el crimen organizado o los zetas los están agarrando en montones, los obligan a pasar droga, o a pertenecer al crimen organizado, los que aceptan viven, los que no, son asesinados. Le digo que es triste, porque así yo he perdido paisanos, conocidos, que jamás he vuelto a ver. Eso es muy triste, muy triste. Bueno creo es todo maestra.

María: Doña Juliana le quiero decir que le agradezco muchísimo el tiempo que le he quitado, que me ha dedicado para platicar todo esto con usted y que sé es precioso para la labor que Ustedes hacen. Le prometo que si logramos publicar este trabajo, la buscaré para darle algunos y que usted los reparta entre los migrantes de su área de trabajo.

Juliana: No maestra, al contrario gracias usted por la labor que están haciendo por estas pobres almas que tanto lo necesitan, no sabe usted cuánto.

María: Le dí mi mano, espontáneamente ella me dio un abrazo y nos despedimos. Le dije. "voy en busca del Padre para agradecerle su intervención . . . . Así lo hice, y me retiré del lugar . . .

Cuarta entrevista: Ex Oficial de Migración

Entrevistadora: La Profe.

La profe: Oficial, usted como especialista que fue en este trabajo con los migrantes en su paso por la frontera sur, qué observó entre sus compañeros en lo que se refiere al comportamiento que guardan con los migrantes.

Ex oficial: Llámeme Beto por favor, ya no soy oficial de migración

La profe: Ok. Beto, ¿me puede responder por favor?

Beto: Mire Usted, algunos compañeros son muy rudos para hablar con los extranjeros, en la manera de tratarlos . . . unos, los menos, si los tratan bien, cortantes, pero bien, la mayoría son rudos.

La Profe: ¿A qué cree que se debe esto Beto? ¿no les dan capacitación al darles el nombramiento antes de enfrentarse a las personas?

Beto: Mire usted maestra, en cuanto a los nombramientos, los nuestros son como los de los oficiales federales de caminos, pero en la capacitación es muy diferente, empezando por el ingreso. Por ejemplo para ingresar a Migración, hacen una convocatoria, uno se inscribe, hace sus exámenes y si los pasa, de inmediato nos envían al campo de trabajo, en cambio al federal de caminos no, ellos ahí, con la aprobación de exámenes inician un proceso de admisión y si quedas pasan a una capacitación o a una estudio en una escuela, cosa que no sucede en migración. Cosa que no debería ser, porque por eso muchos desconocen siquiera como abordar a las personas.

La profe: Beto, esto quiere decir que ¿habría que cambiar el proceso de admisión para los oficiales de migración?

Beto: yo diría que sí, que es necesario tener escuela antes de que nos lancen al campo laboral. Por lo menos, en el conocimiento de las leyes. Imagínese usted maestra que, yo aprendí sobre la marcha, las garantías individuales, la importancia de artículos constitucionales como el 13, qué son los derechos humanos, cuáles son los pactos, convenios, acuerdos nacionales e internacionales, con qué argumentos se defienden los migrantes, cuáles son nuestros derechos como oficiales, la geografía del área laboral, clases de armamento, de reconocimiento de estupefacientes. Es mucho lo que un oficial de migración debe aprender y lo mandan a trabajar sin nada. Mire, maestra yo no digo que yo haya sido de lo mejor, pero que le puse el empeño si, así lo hice. Por ejemplo, cuando o supe que Use quería charlar conmigo saqué mis apuntes.

Aquí como ve Usted, yo investigaba fotocopiaba para estudiar. Mire . . .

La profe: A ver Beto, permítame (Leo, empiezo a hojear).

Notas importantes para leer y comprender por un oficial de migración. (Ese era el título, con letras tan grandes que era imposible perderlo de vista), enseguida . . .[1]

El principio de igualdad en la Constitución Federal vigente

La ley fundamental previene en función del principio de igualdad cualquier atentado contra la dignidad humana, se destacan los artículos siguientes artículos:

Existen en la Ley Suprema (o Constitución) de este país una cantidad considerable de artículos, anexos, códigos, reglamentos, acuerdos; sus objetivos van desde la guarda de los derechos humanos como garantías individuales, a la prevención de la no discriminación entre personas.

---

[1] Tuve todas las notas de Beto, el Ex Oficial de Migración en mis manos (en zotocopia), Como no dispuse del material en archivo word, decidí escribirlo, respetando el formato que Beto le había dado, es decir, lo subrayado, las palabras en letras MAYÚSCULAS, sus observaciones personales, etc., sólo corregí ortografía.

La dignidad humana en el Primero Constitucional

Acerca de la <u>dignidad humana </u>por ejemplo, leo y analizo el artículo primero de la Constitución Política de los Estados Unidos Mexicanos.

"En los Estados Unidos Mexicanos todas las personas gozarán de los derechos humanos reconocidos en esta Constitución y en los Tratados Internacionales de los que el Estado Mexicano sea parte, así como de las garantías para su protección, cuyo ejercicio no podrá restringirse ni suspenderse, salvo en los casos y bajo las condiciones que esta constitución establece."

Lo que debe importar de los tratados internacionales de México

<u>Si México firma un tratado internacional, éste se convierte en derecho interno y forma parte del derecho vigente. En este aspecto, la Suprema Corte de Justicia de la Nación sobre el rango jerárquico de los tratados internacionales, ha interpretado que éstos se encuentran en un segundo plano con respecto de la Constitución federal y por encima de las leyes federales y locales; por lo que se deben respetar las disposiciones contenidas en dichos instrumentos jurídicos internacionales al constituir compromisos asumidos por el Estado Mexicano en su conjunto y comprometer, por tanto, a todas sus autoridades frente a la comunidad internacional.</u>

La Suprema Corte de Justicia de la Nación:

NOTESE: la Suprema Corte de Justicia de la Nación ha llegado a reconocer la supremacía de los tratados internacionales sobre el derecho federal o local de nuestro país, llegando incluso a afirmar que, cuando el ámbito de protección de los tratados internacionales de derechos humanos es más amplio que el otorgado por nuestra Constitución, procede aplicar el tratado internacional incluso por encima de la propia Constitución.

De la identidad ciudadana

Uno de los conceptos más estudiados en estos momentos es el de ciudadanía. Nuestra concepción al respecto vincula esta realidad a la identidad nacional y es una consecuencia del nacionalismo moderno. Este dio lugar a una concepción de ciudadanía basada no en la adscripción estamental o étnica, sino en la praxis que implica el ejercicio activo de derechos democráticos de participación y comunicación. Según tal concepción, "ciudadanía" significa no sólo pertenencia a un estado, sino un status definido por los derechos y deberes de la persona que goza de semejante condición.

Qué es tener una identidad

Diferenciarse de una totalidad indiferenciada quiere decir, tener una identidad. Tener además de nombre propio, ocupación y residencia, el sentido de la obligación de que hay que hacer de una o uno mismo una mujer o un hombre con cualidades, con una cierta dimensión humana. Tener una identidad es conferirle unidad a la propia vida, recoger el pasado y proyectarlo hacia delante. En suma, hacer de la propia vida personal una existencia con sentido.

La identidad la oteamos desde los horizontes de la diversidad y la diferencia. Podemos decir "yo" porque no hay "otros" iguales a mí y, a la vez, distintos. Ser igual a uno mismo es distinguirse de los otros. Pero, por otra parte, son ellos, los otros, quienes confirman la identidad que creemos construir y tener. La conciencia de mí pasa por la mirada y la expresión del otro. Puesto que no somos individuos solitarios, mi subjetividad no es sólo mía, sino el resultado de mis relaciones. Nada mío es sólo mío, no puedo hacer dejación de mi contexto si quiero sentirme, conocerme y vivir. La identidad es un fenómeno que surge de la dialéctica entre el individuo y la sociedad. No hay identidades fuera de un contexto social concreto y de un proceso de socialización.

Los tres niveles fundamentales de identidad –el de la humanidad toda, el de los diferentes grupos o comunidades, y la identidad personal- se adquieren y se van construyendo a lo largo de la vida. Es imposible forjarse una identidad personal sin pasar por la integración en lo colectivo. Pues se es alguien desde la integración en una sociedad y unos grupos que me reconocen como tal, que reconocen también mi identidad humana y que, a la vez, la buscan como ideal. Búsqueda en la que entra, al mismo tiempo, la de todos y cada uno como seres diferentes, no confundibles con el todo.

Otra cuestión muy importante en la frontera sur de México: El principio de igualdad

". . . Está prohibida la esclavitud en los Estados Unidos Mexicanos. Los esclavos del extranjero que entren al territorio nacional alcanzarán, por este solo hecho, su libertad y la protección de las leyes.

Queda prohibida toda discriminación motivada por origen étnico o nacional, de género, la edad, las discapacidades, la condición social, las condiciones de salud, la religión, las opiniones, las preferencias sexuales, el Estado civil o cualquier otra que atente contra la dignidad humana y tenga por objeto anular o menoscabar los derechos y libertades de las personas.

El principio de igualdad, base de los derechos humanos se refleja en cada línea del párrafo anterior.

La Profe: (Paré la lectura y pregunté a Beto). Beto, ¿le importaría dejarme sacar una copia de sus apuntes?. Son muy interesantes y muy puntuales al problema, al menos en el marco jurídico que bien dice usted, debería el Estado de instruir a los oficiales de migración, yo creo que la instrucción debería extenderse a todo el personal involucrado en el problema migratorio, que desde hace décadas se ha empezado a ver así, como un problema, cuando las migraciones existentes desde la antigüedad, han sido "sanadoras" poblacionales, llevan fuerza de trabajo, enriquecimiento social, cultural, económico político, ecológico y hoy, las estamos exterminando . . . .

Beto: ¡Claro maestra! Si le sirven de algo . . .

La Profe: ¡Por supuesto que sirven Beto! No sólo a mí, déjeme pensar cómo puede servir a muchos . . . Sabía que el tiempo era corto, así que me dispuse a seguir leyendo, no sin antes avisar a Luisa y a María que me iba a detener un poco más de lo planeado. Tomé mi celular y las llamé para avisar que mi entrevista se prolongaba y nos veríamos en el hotel por la tarde . . . Pregunté a Beto ¿le importa si continuo leyendo sus notas Beto?

Beto: ¡claro que no maestra, adelante esta usted en su casa! Mientras le diré a mi mujer que nos prepare unas quesadillas y un cafecito! Parece que seguirá lloviendo . . .

La profe: Con su permiso entonces Beto . . . (continué leyendo)

La garantía de la no discriminación

NOTA: NO SE DICE DESCRIMINAR, SE DICE DISCRIMINAR. En este sentido, discriminar –de discriminare- implica "seleccionar excluyendo" así como "dar trato de inferioridad a una persona o colectividad por motivos raciales, religiosos, políticos.

EN EL MES DE AGOSTO, EL 14 DEL 2001 se incorporó UN PÁRRAFO NÚMERO TRES, AL ARTÍCULO PRIMERO DE LA CONSTITUCIÓN, AHÍ SE PROHIBIÓ LA DISCRIMINACIÓN ÉTNICA, DE GÉNERO, EDAD Y OTROS. POR ESTE PRINCIPIO ES OBLIGATORIO NO TRATAR A LAS PERSONAS DE MANERA DESIGUAL.

Aquí se ve que hay voluntad de que la garantía constitucional se extienda en el respeto a los derechos humanos

Los Poderes Federales entienden que en términos de IGUALDAD, la Constitución Política de México establece que:

"... todos los hombres son iguales ante la ley, sin que pueda prevalecer discriminación alguna por razón de nacionalidad, raza, sexo, religión o cualquier otra condición o circunstancia personal o social, de manera que los poderes públicos han de tener en cuenta que los particulares que se encuentren en la misma situación deben ser tratados igualmente, sin privilegios ni favor".

La Justicia según JOHN RAWLS:

"... los dos grandes principios de justicia están relacionados con la igualdad: Primer principio, cada persona ha de tener un derecho igual al esquema más extenso de libertades básicas que sea compatible con un esquema semejante de libertades para los demás. Segundo principio, las desigualdades sociales y económicas habrán de ser conformadas de modo tal que a la vez que: a) se espere razonablemente que sean ventajosas para todos, b) se vinculen con empleos y cargos asequibles para todos".

Lo que dice Boeckenforde

"Democracia e igualdad están estrechamente vinculadas. La posesión del poder de ejercer el dominio político y el punto de partida para la legitimación de este poder no puede atribuirse a unos pocos, sino a todos los miembros del pueblo en común y del mismo modo. La igualdad de los derechos políticos es así imprescindible para la democracia. Pues si la democracia se funda en la libertad y en la autodeterminación, tiene que tratarse en ella de una libertad igual y de una autodeterminación para todos; democracia significa también, aquí y siempre, igualdad en la libertad.

Consecuencia de este significado de la igualdad política es el principio de que a cada persona corresponde un voto, es decir, la asignación de "una cuota igual . . . de participación en el proceso político decisional", como resultado del reconocimiento de que los "juicios, los pareceres y las orientaciones políticas de todos los individuos considerados . . . tienen una igual dignidad"

Algunos artículos constitucionales y autores que escriben sobre los derechos de las mujeres.

Artículo 2º -Incorporación de las mujeres indígenas al desarrollo

- Apoyo a proyectos productivos
- Protección de la salud
- Otorgamiento de estímulos para favorecer su educación
- Participación en la toma de decisiones relacionadas con la vida comunitaria.

FERRAJOLI y los derechos fundamentales

". . . derechos de los individuos que sirven para protegerlos . . . y sobre todo contra sus culturas e incluso contra sus familias: que protegen a la mujer contra el padre o el marido, al menor contra los padres, en general a los oprimidos contra sus culturas opresivas", y cita como ejemplo la "clitoritominía", que es la extirpación del clítoris a la mujer por parte de los talibanes, para que estas no tengan ninguna satisfacción sexual, pues ellas sólo son utilizadas como objetos sexuales de los hombres, y por lo tanto, no tienen derecho a ningún placer sexual, son prácticas que no se pueden justificar, al igual que tampoco el homicidio por causa de honor".

Este autor también menciona que el principio de igualdad:

". . . es sobre la igualdad en derechos humanos, como garantía de todas las diferencias de identidad personal, donde se funda la percepción de los otros como iguales y como asociados; y es la garantía de los propios derechos fundamentales como derechos iguales lo que hace madurar el sentido de pertenencia y la identidad colectiva de una comunidad política . . . igualdad y garantía de los derechos no son solamente condiciones necesarias, sino lo único que se requiere para la formación de las identidades colectivas que se quieran fundar sobre el valor de la tolerancia, en vez de sobre recíprocas exclusiones de las diferencias étnicas, nacionales, religiosas o lingüísticas".

Ferrajoli en el caso de las mujeres (Lo que un oficial de migración debe tomar en cuenta)

" . . . la discriminación contra este grupo social es persistente en cuanto a la privación de los derechos que implican obligaciones positivas de prestación o de satisfacción por parte de otros sujetos y del Estado mismo, como el derecho al trabajo, el acceso y la carrera en la función pública y en la distribución de los recursos. Lo anterior, es producto de la falta de garantías que permitan exigir los derechos sociales, ya que tradicionalmente se les ha considerado como normas programáticas o directrices de políticas públicas dependientes de recursos presupuestales, ello ha provocado que se carezca de una cultura jurídica de demanda y control de este tipo de derechos desde el ámbito jurisdiccional".

Artículo 3º. Educación

Sus principios rectores:

- Todo individuo tiene derecho a recibir educación.
- Tenderá a desarrollar las facultades del ser humano.
- Será laica y ajena a cualquier doctrina religiosa.
- Luchará contra la ignorancia, servidumbre, fanatismo y prejuicios.
- Será democrática, como un sistema de vida para mejorar el nivel económico, social y cultural del pueblo.
- Será nacional
- Contribuirá a mejorar la convivencia humana, el aprecio para la dignidad de la persona, la integridad de la familia, el interés general de la sociedad, sustentar ideales de fraternidad, igualdad de derechos, evitar privilegios de razas, religión, de grupos, de seos o de individuos.
- Será gratuita.
- Libertad de cátedra e investigación en el nivel universitario.

NOTAS DE BETO: Las mujeres que pasan por esta frontera, apenas si leen, en su paso por aquí, que casi siempre son detenidas, para trabajar como meseras, como prostitutas, etc. Debería el gobierno hacer programas para enseñarlas a leer y a escribir; estas lecturas podrían ser sobre sus derechos humanos constitucionales . . .

El artículo 123, refleja habla de los principales ideales de equidad y justicia social para el pueblo mexicano, que vinieron de la Revolución Mexicana de 1910.

El artículo 5º. Constitucional que habla de la LIBERTAD dice que ella no es absoluta, que se basa en principios fundamentales, su práctica está condicionada a que se atienda lo siguiente:

1) que no se trata de una actividad ilícita; (la actividad debe ser lícita o es decir, permitida por la ley; 2) que no se afecten derechos de terceros; (quiere decir que la garantía no podrá ser exigida si la actividad que realiza conlleva a su vez la afectación de un derecho a favor de otro. y, 3) que no se afecten derechos de la sociedad en general. la garantía será exigible siempre y cuando la actividad, aunque lícita, no afecte el derecho de la sociedad.

Sobre los "fueros" (ni leyes privativas ni tribunales especiales)

Artículo 13 constitucional.-

NOTA DE BETO: aquí se habla sobre los "fueros", esto no lo comprendí, como oficiales, tenemos prestaciones, no fueros, pero si cometemos una falta, casi nos aplican la disciplina militar.

"Nadie puede ser juzgado por leyes privativas ni por tribunales especiales. Ninguna persona o corporación puede tener fuero, ni gozar más emolumentos que los que sean compensación de servicios púbicos y estén fijados por la ley. Subsiste el fuero de guerra para los delitos y faltas contra la disciplina militar; pero los tribunales militares en ningún caso y por ningún motivo podrán extender su jurisdicción sobre personas que no pertenezcan al Ejército. Cuando en un delito o falta del orden militar estuviese complicado un paisano, conocerá del caso la autoridad civil que corresponda".

Para comprender más sobre los "fueros" (Artículo 61 Constitucional)

"Los diputados y senadores son inviolables por las opiniones que manifiesten en el desempeño de sus cargos y jamás podrán ser reconvenidos por ellas". A BETO ESTO LE PARECE INJUSTO, CONTRARIO A LO QUE HA LEÍDO EN LA CONSTITUCIÓN. Por eso los diputados, senadores y funcionarios públicos hacen y dicen lo que se les da la gana cuando tienen el poder y cuando no lo tienen y cometieron delito, se desaparecen, y a veces, nadie los vuelve a ver. Ahora, en el tiempo que estuvieron en el poder "reunieron" tanto dinero, que tienen suficiente para "perderse" en cualquier lugar del mundo con todo y sus familias.

Principales acuerdos internacionales para la defensa de los Derechos Humanos
La Declaración Universal

Los pueblos de las Naciones Unidas –incluido México-, reafirmaron en esa Carta, su fe en los derechos fundamentales del hombre, en la dignidad y el valor de la persona humana y en la igualdad de derechos de hombres y mujeres, y todos los pueblos firmaron promover el progreso social y a elevar el nivel de vida dentro de un concepto más amplio de la libertad.

IMPORTANTE. Cuando México firma un tratado internacional, éste se convierte en derecho interno y forma parte del derecho vigente. Esto quiere decir que el Estado Mexicano se ha comprometido a respetar lo que firma ante la comunidad internacional, manteniendo la justicia y el respeto a las obligaciones emanadas de los tratados y de otras fuentes del derecho internacional. También México se obliga a realizar la cooperación internacional en la solución de problemas internacionales de carácter económico, social, cultural o humanitario, y en el desarrollo y estímulo del respeto a los derechos humanos y a las libertades fundamentales de todos, sin hacer distinción por motivos de raza, sexo, idioma o religión.

La Declaración sobre la eliminación de la violencia contra la mujer

Esta Declaración es corta, pero así la adoptó la Asamblea General de la Organización de las Naciones Unidas celebrada el 20 de diciembre de 1993; en ella, se reconoce la necesidad urgente de una aplicación universal a la mujer de los derechos y principios relativos a la igualdad, seguridad, libertad, integridad y dignidad de todos los seres humanos; asimismo, menciona que en las relaciones de poder, este tipo de violencia contra la mujer la violencia es una manifestación históricamente errónea de las desigualdades y que no han permitido que ella se desarrolle plenamente.

La Convención sobre la Eliminación de Todas las Formas de Discriminación contra la Mujer (CEWDAW)

Esta Convención mayormente conocida por sus siglas en inglés (CEDAW)[2], considera que la Carta de las Naciones Unidas reafirma la fe en los derechos fundamentales del hombre, en la dignidad y el valor de la persona humana y en la igualdad de derechos del hombre y la mujer, advierte que las mujeres siguen siendo objeto de importantes discriminaciones y recuerda que la discriminación contra la mujer viola los principios de la igualdad de derechos y del respeto de la dignidad humana, que dificulta la participación de la mujer en las mismas condiciones que el hombre en la vida política, social, económica y cultural de su país, que constituye un obstáculo para el aumento del bienestar de la sociedad y de la familia y que entorpece el pleno desarrollo de las posibilidades de la mujer para prestar servicio a su país y a la humanidad.

La Convención Interamericana para Prevenir, Sancionar y Erradicar la Violencia contra la Mujer (Belén do Para).

Pese a todos los instrumentos jurídicos emitidos, no se había avanzado en el combate a la violencia contra

---

[2]   Publicada en el Diario Oficial de la Federación el 12 de mayo de 1981

la mujer, de ahí que en Belém do Pará surgiera un nuevo instrumento, la Convención Interamericana para Prevenir, Sancionar y Erradicar la Violencia contra la Mujer; en ella, se afirma que la violencia contra la mujer constituye una violación de los derechos humanos y las libertades fundamentales, y convoca a que ellas ejerzan estos derechos con el, goce y ejercicio de tales derechos y libertades, que se consideran como la máxima expresión emanada del derecho internacional que también defiende los derechos humanos de las mujeres.

Recomendaciones de la ONU al Estado Mexicano Sobre la Violencia Contra las Mujeres

- Mejorar la aplicación de debida diligencia en la investigación, procesamiento y castigo de los responsables de la violencia contra la mujer en Ciudad Juárez, con miras a superar la impunidad:
- Reforzar la capacidad institucional y los procedimientos tendientes a responder a los delitos de violencia contra la mujer, inclusive asignando recursos humanos y materiales adicionales a la Fiscalía Especial y a los demás órganos encargados de enfrentar y reprimir esas violaciones de derechos.
- Establecer procedimientos tendientes a intensificar la supervisión independiente, inclusive mediante informes periódicos, para las investigaciones realizadas bajo la dirección de la Fiscalía Especial, para hacer efectiva una evaluación periódica de las medidas adoptadas y oportunos avances en cada caso.

- Lograr que las investigaciones de los asesinatos de mujeres se desarrollen, desde su iniciación, sobre la base de planes de investigación en que se tenga en cuenta la prevalencia de la violencia contra la mujer y posibles vínculos mutuos entre determinados casos
- Elaborar y aplicar un plan de acción referente a las denuncias pendientes sobre desaparición de mujeres, para asegurar que se estén examinando todas las posibilidades razonables de investigación, y para cruzar los datos relacionados a desapariciones con los referentes a homicidios, a fin de identificar posibles conexiones o modalidades.
- Elaborar y aplicar un plan de acción con respecto a los casos "fríos", diseñado de modo de identificar y corregir todas y cada una de las fallas existentes en esos archivos (como las identificadas por la CNDH en su examen) y reactivar las investigaciones.
- Ampliar la asistencia que ha proporcionado la PGR a la PGJE en casos aislados y concretar las contribuciones que puede y debe efectuar para fortalecer la capacidad local en ámbitos tales como asistencia técnica, en materia de investigación, criminológica, de medicina forense, de sicología forense y otras modalidades de asistencia científica.
- Mejorar los procedimientos y prácticas tendientes a lograr que los informes de personas desaparecidas sean objeto de una investigación rápida, cabal e imparcial, inclusive a través de protocolos o directrices tendientes a garantizar el cumplimiento de normas básicas en todos los casos, y a la elaboración de nuevas iniciativas,

como la publicación de boletines en los medios de difusión.

- Garantizar un pronto acceso a medidas especiales de protección de la integridad física y psicológica de las mujeres objeto de amenazas de violencia; y garantizar la eficacia de tales medidas.

- Intensificar los esfuerzos tendientes a capacitar a todas las autoridades pertinentes --incluidos policías, fiscales, médicos forenses y otros especialistas, jueces y personal judicial-- en cuanto a las causas y consecuencias de la violencia basada en el género, en cuanto a los aspectos técnicos pertinentes para la investigación, el procesamiento y el castigo, así como a la necesidad de aplicar los conocimientos en su interrelación con las víctimas o sus familias.

- Aplicar reformas destinadas a proteger los derechos de las víctimas o sus familiares, de modo de promover la protección y las garantías judiciales, principalmente mejorando los mecanismos que garanticen que las partes afectadas tengan acceso a información sobre la evolución de la investigación y sobre sus derechos en los procesos judiciales, así como desarrollar las posibilidades de obtener asistencia jurídica cuando sea necesario para llevar adelante tales procedimientos.

- Garantizar una adecuada supervisión de los funcionarios encargados de adoptar medidas de reacción e investigación frente a delitos de violencia contra la mujer, y garantizar la efectiva aplicación de los mecanismos establecidos para llamarlos a responsabilidad en las esferas administrativa, disciplinaria o penal, según el caso, cuando estén omisos en el cumplimiento de sus cometidos conforme a la ley.

- Proporcionar a quienes tratan de obtener asistencia de esos funcionarios un procedimiento asequible y eficaz de presentación de denuncias en caso de incumplimiento de sus obligaciones conforme a la ley, e información sobre la manera de invocar dicho procedimiento.

- Reorientar las relaciones de trabajo con las personas y entidades que presten servicios de coadyuvancia (asesoramiento letrado en defensa de los intereses de la víctima en investigaciones y procesos penales) para hacer efectivo un intercambio de información fluido y utilizar plenamente el mecanismo de la coadyuvancia, tal como fue concebido en su origen ese auxiliar de la justicia.

- En vista del clima de temor y amenazas relacionado con algunos de estos asesinatos y los potenciales vínculos de algunos con el crimen organizado, considerar la posibilidad de hacer participar a funcionarios policiales de otras regiones en los equipos de investigación, como medio de lograr que los funcionarios que viven en la comunidad no sean objeto de amenazas o presiones, y de incrementar la confianza ciudadana.

- También con respecto al problema del temor y las amenazas, prestar atención prioritaria a fin de garantizar medidas de seguridad para las mujeres víctimas de actos o amenazas de violencia, familiares, defensores de derechos humanos, testigos o periodistas en situaciones de riesgo; para brindar protección a esas personas en su derecho a la seguridad personal; para que quienes se presentan a exigir aclaración de esos delitos o a proporcionar información no sean intimidados y puedan continuar tales esfuerzos.

Someter todas las amenazas o actos de hostilidad denunciados en relación con esos asesinatos a investigaciones prontas, cabales e imparciales, dotadas de mecanismos de debida diligencia, y el Estado debe realizar consultas adicionales con las organizaciones de la sociedad civil que ayuden a las víctimas y a sus familias, para elaborar y aplicar soluciones.

• Se deben reforzar los servicios públicos destinados a las mujeres que hayan sido objeto de violencia, procurando especialmente ampliar el acceso al tratamiento médico y psicológico, establecer servicios sociales más integrales destinados a atender el problema de la subordinación económica que suele impedir a la mujer apartarse por sí misma de una situación abusiva, y proporcionar información y asistencia que garanticen un acceso efectivo a los recursos legales de protección contra esta violación de derechos y problemas jurídicos conexos, como la guarda de los hijos.

Beto: Maestra, disculpe, ya mi mujer nos hizo algo para comer. ¿Teminó ya?

La Profe: Sí, sí Beto, perdón . . . es que sus notas están súper interesantes, es más, me las llevaré para la fotocopia y releerlas con detenimiento, digo si me lo permite ¿sabe? me gustaría prolongar nuestra plática mañana, en verdad, tiene usted material para todo un curso . . . ¡lo felicito sinceramente!

Me pregunto por qué se retiró de su cargo de Oficial de Migración, desde mi punto de vista, personas con tanto interés por aprender, lo que hay alrededor de sus trabajos como usted deberían ser estimuladas, motivadas, por ejemplo, usted hubieses podido, con estos apuntes, capacitar al personal que está allá, lejos del Instituto Nacional de Migración en la Ciudad de México.

Beto: Pues para su sorpresa maestra, no me retiré, me retiraron, me involucraron (creo que mis mismos compañeros), en algo turbio y primero me castigaron, luego me retiraron definitivamente. Y claro maestra, nadamás que sea después de que salgo del trabajo, y sigo a sus órdenes. A mí también me gustaría charlar más con Usted, sobre mis escritos y sobre otras cuestiones de violación diaria de los derechos humanos de las mujeres y de los hombres, y las canalladas de todo tipo de oficiales, de migración de seguridad pública, de militares, etc. Y todo lo que está documentado sobre las sentencias de algunas Cortes Internacionales, hay mucho todavía maestra, hay mucho . . .

La Profe: Si Beto, entiendo, di una hojeda completa a sus notas y sí, hay otras muchas cosas interesantes . . . mire no le hagamos el "feo" a su esposa, tan amable que nos ha preparado algo para comer . . . Beto y yo nos dispusimos a sentarnos a la mesa a comer. El tiempo había transcurrido sin notarlo, eran ya las 8 de la noche . . . Me despedí de Beto y su esposa, tomé mis cosas y salí corriendo para el pueblo a ver si encontraba aún una fotocopiadora. Entre que llegué a la papelería, saqué las fotocopias, las engargolé y me fui al hotel a encontrarme con Luisa y María, eran ya las 10 de la noche. Ya en la habitación, saludé y se me fueron encima.

Luisa: Amelia eres una desconsiderada, nos hemos cansado de enviarte mensajes y no has respondido

María: Si amiga, que desconsiderada eres . . . Ya estábamos pensando que algo "gordo" te había pasado . . . no lo vuelvas a hacer . . .

La Profe: Ay amigas, lo siento mucho, discúlpenme por favor, pero no escuché el aviso de sus mensajes. Comencé a buscar mi celular y me percaté que lo había dejado en casa de Beto. Lo siento, en verdad, es sólo que encontré tantas cuestiones, motivo de charla con el ex oficial de migración que miren qué hora es . . . Ahh, y no terminé, volveré mañana. Vamos a descansar, ¿les parece? y miren, les comento para saber si están de acuerdo en cambiar la dinámica . . . . Vamos a reunirnos para los debates, cuando todas terminemos las entrevistas, ¿cómo ven?

María: Si amiga, yo también estoy cansada, me parece bien.

Luisa: A mí también me parece bien. Ya vamonos a descansar.

La Profe: Así lo hicimos, nos fuimos a dormir . . . al otro día, en el desayuno comentamos un poco el entorno, se sentía tenso . . . Me parece que algunas personas, otros —polleros- sabían ya el trabajo que habíamos venido a realizar.

Luisa y María salieron rumbo a la Libertad y Palenque, en donde ya habían localizado a un ex migrante ya establecido en las cercanías de estas comunidades.

Yo, tenía suficiente tiempo para leer las NOTAS DE BETO, faltaban algunas horas para transladarme de nuevo hasta su domicilio. Encontré lo siguiente:

La Sentencia de la Corte Interamericana de Derechos Humanos contra el Estado Mexicano por violación a ciudadana por parte de militares

De cómo si se puede reclamar a un Estado (Un caso)

La Corte Interamericana de Derechos Humanos – en agosto de **2010,** sentenció al Estado mexicano por los hechos violentos que la señora Valentina Rosendo Cantú, sufrió la cual se refiere a la responsabilidad del Estado mexicano por la violación sexual y tortura en perjuicio de la citada señora ocurrida en febrero del **2002, (8 AÑOS DESPUÉS),** también falta de diligencia en la investigación y sanción en los responsables de esos hechos, de igual manera hubo "falta de reparación adecuada a favor de la hija y familiares de la víctima", por "usar el fuero militar para la investigación y juzgamiento de violaciones a los derechos humanos", y en general, por todas las dificultades que enfrentan las mujeres indígenas en el acceso a la justicia, básicamente los servicios de salud.

Agotado el procedimiento, la Corte Interamericana de Derechos Humanos, declaró por unanimidad responsable al Estado Mexicano por la violación de los derechos a la integridad personal, a la dignidad y a la vida privada en perjuicio de la señora Rosendo Cantú, por la violación del derecho a la integridad personal, por la violación de los derechos a las garantías judiciales y a la protección judicial, asimismo, por incumplimiento a la obligación de garantizar, sin discriminación, y por la violación a los derechos del niño.

También se sentenció que dentro de un plazo razonable se aplicarían las reformas al artículo 57 del Código de Justicia Militar con los estándares internacionales en la materia y de la Convención Americana sobre Derechos Humanos, se deberían adoptar las reformas pertinentes para permitir que las personas afectadas por la intervención del fuero militar contaran con un recurso efectivo de impugnación de tal competencia, en donde el Estado debería realizar un acto público de reconocimiento de responsabilidad internacional en relación con estos hechos.

El Estado debería continuar con el proceso de estandarización de un protocolo de actuación, para el ámbito federal y del estado de Guerrero, respecto de la atención e investigación de violaciones sexuales considerando, en lo pertinente, los parámetros establecidos en el Protocolo de Estambul y en las Directrices de la Organización Mundial de la Salud, **el Estado debería continuar implementando programas y cursos de capacitación permanente sobre investigación diligente en casos de violencia sexual contra las mujeres, que incluyan una perspectiva de género y etnicidad, los cuales deberían impartirse a los funcionarios federales y del estado de Guerrero.**

El Estado debería continuar con las acciones desarrolladas en materia de **capacitación** en derechos humanos de integrantes de las Fuerzas Armadas, y debería implementar, en un plazo razonable, **un programa o curso permanente y obligatorio de capacitación y formación en derechos humanos, dirigido a los miembros de las Fuerzas Armadas, de conformidad con lo establecido en el párrafo 249 de la presente Sentencia.** El Estado deberá brindar el tratamiento médico y psicológico que requieran las víctimas, deberá otorgar becas de estudios en instituciones públicas mexicanas en beneficio de la señora Rosendo Cantú y de su hija, Yeny Bernardino Rosendo, deberá continuar brindando servicios de tratamiento a mujeres víctimas de violencia sexual por medio del centro de salud de Caxitepec, el cual deberá ser fortalecido a través de la provisión de recursos materiales y personales, el Estado deberá asegurar que los servicios de atención a las mujeres víctimas de violencia sexual sean proporcionados por las instituciones indicadas por México, entre otras, el Ministerio Público en Ayutla de los Libres, a través de la provisión de los recursos materiales y personales, cuyas actividades deberán ser fortalecidas mediante acciones de capacitación, El Estado deberá continuar las campañas de concientización y sensibilización de la población en general sobre la prohibición y los efectos de la violencia y discriminación contra la mujer indígena, El Estado deberá pagar indemnización por daño material e inmaterial y por el reintegro de costas y gastos, según corresponda, dentro del plazo de un año, contado a partir de la notificación del presente Fallo.

La Corte supervisará el cumplimiento íntegro de esta Sentencia, en ejercicio de sus atribuciones y en cumplimiento de sus deberes conforme a la Convención Americana sobre Derechos Humanos, y dará por concluido el presente caso una vez que el Estado haya dado cabal cumplimiento a lo dispuesto en la misma, dentro del plazo de un año a partir de la notificación de esta Sentencia el Estado deberá rendir al Tribunal un informe sobre las medidas adoptadas para darle cumplimiento.

NOTA DE BETO: Este caso fue muy mencionado, pero como este hay miles, y observa cuánto tiempo se tarda en llegar la justicia.

Agencia de la ONU para la mujer

Esta agencia es realmente reciente, data de septiembre de 2010, cuando el Señor Ban Ki-moon, secretario general de la ONU designó a la ex presidenta de Chile Michelle Bachelet, como responsable de esta Institución para la mujer, esto con el objetivo de dinamizar a esta nueva agencia para mejorar la vida de millones de mujeres en todo el mundo.

Instituciones para a mujer en México

Ley del Instituto Nacional de las Mujeres
Esta ley es de orden público y de observancia general en toda la República, en materia de equidad de género e igualdad de derechos y oportunidades entre hombres y mujeres, en los términos del artículo cuarto, párrafo segundo de la Constitución Política de los Estados Unidos Mexicanos.

Ley General para la Igualdad entre Mujeres y Hombres
Normar, regular y garantizar la igualdad entre mujeres y hombres y proponer los lineamientos y mecanismos

institucionales que orienten a la nación hacia el cumplimiento de la igualdad sustantiva en los ámbitos público y privado, promoviendo el empoderamiento de las mujeres, es el objetivo de esta ley. Sus disposiciones son de orden público e interés social y de observancia general en todo el territorio nacional.

Ley General de Acceso de las Mujeres a una Vida Libre de Violencia

La NOM-046-SSA2-2005, Violencia familiar, sexual y contra las mujeres. Criterios para la prevención y atención.

Ley Federal para Prevenir y Eliminar la Discriminación

¿Para qué tantas leyes? Nada que ver con la realidad.

La profe: Me faltaban aún por leer algunas notas de Beto, sobre videos del padre Solalinde que el mismo Beto había escrito, en versiones estenográficas bajadas del youtube. al Padre Alejandro Solalinde, a sus colaboradores, a las patronas, a los propios migrantes que paran en el albergue de Solalinda, etcétera. Sólo que ya tenía poco tiempo para llegar a la casa de Beto y continuar con la entrevista. Guardé todo, y salí al encuentro –de nuevo-, con Beto.

La Profe: Buenas tardes Beto, buenas tardes Doña Irma (esposa

Beto: Buenas Tardes maestra, pase usted.

Irma: Buenas tardes maestra, pásele, pásele, por aquí, siéntese usted por favor.

Beto: ¿Cómo le fue con la lectura? ¿terminó?

La Profe: Honestamente, no Beto, pero me faltaron pocas cosas ... como por ejemplo, leer eso que ha hecho usted, con los videos de YouTube del Padre Solalinde, hizo versiones estenográficas y capturó todo de nuevo. Ahora platicaremos de eso, dígame en ¿dónde nos quedamos? Porque todo es muy interesante, muy interesante. Pero dígame Beto ¿quiere agregar algo más?, alguna experiencia que le haya marcado como ser humano, algún hecho, testimonio.

Beto: Hay muchas cosas que suceden ahí maestra, que marcan a uno para toda la vida, casi siempre para mal. Son tan cercanos los sufrimientos de esas personas. Los malos comportamientos de algunos compañeros que denigran a las personas al nivel de animales sin habla, sin dignidad, sin identidad, y no digamos autoestima.

No sabe que coraje siento maestra, cuando muchas personas mencionan que en México, SOMOS MÁS LOS BUENOS QUE LOS MALOS, sin pensar que de esa minoría de "buenos", son muy pocos los que se comprometen con los problemas de sus comunidades. Por ejemplo, no sé si usted ha escuchado hablar de las "patronas", del Padre Solalinde, de sus colaboradores, de algunos migrantes que se quedan haciendo labor bondadosa con él. A mi me gustaría hablarle de esas catorce, a veces más, mujeres llamadas las "patronas". Piden ayuda a la iglesia, a los comerciantes, y la obtienen y bien podrían quedarse con esa ayuda porque la necesitan, sin embargo, son un verdadero ejemplo de desprendimiento, ellas son muy pobres.

Ellas practican cada día valores hoy casi olvidados hoy, la bondad, el desprendimiento, el servicio gratuito, entre otros. Viven en Amatán, Veracruz, pasan muchas horas en la cocina, elaborando los alimentos cuyos ingredientes provienen de la caridad de otras personas contagiadas por estos valores y la gran esperanza de las "patrones". Creo por por eso Dios bendice sus manos elaboradoras de los alimentos que regalarán a estos seres que en nuestro país se convierten en "miserables".

La "Bestia", que transporta a los migrantes no tiene horario, son casi cinco horas las que estas mujeres esperan el paso del tren. Los alimentos los amarran de tal manera, que sus experimentadas manos saben pueden llegar a los migrantes que viajan en el "lomo" de la "Bestia" (el tren), y dentro de ella también. Los migrantes abren sus brazos uno de los dos brazos de cada uno de ellos, con esa mano, intentarán agarrar las "bolsas" de los alimentos que las "patronas" les avientan. A veces no tienen suerte y los alimentos caen al suelo. Qué tristeza para ellos, algunos hace varios días que no han probado alimento. El maquinista, no disminuye la velocidad, asi que hay que "aventar" las bolsas de guisado, de arroz, de frijoles; un caldo caliente, ¡ni pensarlo!, comida calientita ¡si!. Bueno si es que alcanzaron a "cacharla".

La Profe: y ¿qué me puede usted decir del Padre Solalinde y su Albergue "Hermanos del Camino?" Otro ejemplo de sacrificio y bondad ¿Cierto?

No sabe Usted cómo lamento no haberlo encontrado cuando fuimos a buscarlo.

Beto: Ay Maestra, un hombre extraordinario, no importa si es sacerdote católico, ¡es un hombre de agallas! yo quisiera ver más personas religiosas haciendo lo que él hace, sin importar la religión. Es la obra. Camina siempre contra corriente; está siempre amenazado, ya por el gobierno, por los narcos, por los zetas, los maras, otras pandillas, etc. Y él siempre sigue adelante.

Mire Usted, lea aquí, es eso que el Padre Solalinde hace, está en Internet casi todo, de ahí lo tomé, y lo transcribí en esa versión que Usted dice.

La Profe: Versión estenográfica, si es cierto, Usted grabó de los videos de YouTube en internet.

Beto: Si maestra, todo está documentado en Internet, las declaraciones atrevidas del Padre Alejandro Solalinde, creador del albergue "hermanos del Camino desde Ixtepec, Oaxaca; mire usted a lo que se ha expuesto él, tanto al proteger a los migrantes, como al denunciar la desaparición de migrantes Y NO HA PASADO NADA. Estos migrantes muertos, según sus propias declaraciones, mas de 20 mil, siguen sin NOMBRES son muertos en una incógnita total, y no ahora, son problemas de hace muchos años . . .

Le decía maestra, lea aquí . . .

La Profe: Atendiendo a Beto, empecé a leer lo que él ha documentado, me indicó que como no podía captar bien lo que el Padre decía, lo grabó desde YouTube y lo reescribió. Juno con Beto me dispuse a leer lo siguiente:

Lo que aquí se lee, son versiones estenográficas de los testimonios que el Padre Solalinde ha denunciado

públicamente, y las charlas que él ha intercambiado con los migrantes, en el campo y en su Albergue "Hermanos del Camino

CNN México) — *Sonia*, originaria de El Salvador llegó a México en junio de 2009. El día 20 de ese mes la secuestraron en el municipio de Medias Aguas, en el sur de Veracruz. Caminó horas con la cara tapada, viajó hacinada en un camión y fue testigo presencial de la colusión de autoridades mexicanas con la delincuencia organizada.

Entre otras atrocidades, le tocó mirar cómo mataron a batazos a un migrante que no le pidió permiso de ir al baño a sus captores. Además de la muerte de ese hombre, *Sonia* asegura que le duele que los asesinos eran connacionales suyos que fueron secuestrados y obligados a trabajar para el hampa.

Esta historia es narrada por ella en una de tres grabaciones difundidas por el padre Alejandro Solalinde, encargado del albergue Hermanos en el Camino de Ixtepec, Oaxaca, en su última visita a Veracruz, donde se reunió con el gobernador, Javier Duarte de Ochoa.

El viernes pasado, Solalinde visitó Veracruz por la presunta desaparición de 80 migrantes en Medias Aguas. La información causó controversia por la falta de evidencias y el gobernador solicitó una reunión con el sacerdote.

Según Duarte, solo fueron 5 los desaparecidos. En la reunión acordaron coordinarse para implementar medidas de precaución en las rutas migratorias. Solalinde dijo al final que cree en la buena voluntad del gobernador. *Sonia* cuenta que ese día de junio de hace dos años, tras la angustiante marcha con la cara tapada, llegó a algún lugar donde había una casa de seguridad. Ahí pasó seis días para después iniciar un viaje acompañada de unas 150 personas amontonadas en un camión "donde jalan guineos" (plátanos) hasta Reynosa, Tamaulipas. La mujer salvadoreña cuenta entre sollozos a su interlocutora que en el inicio del camino hacia el norte fue testigo de un encuentro de sus captores con elementos de la Policía Federal. Asegura que eran policías destacados en Medias Aguas los encargados de "limpiar el camino" hacia la frontera con Estados Unidos.

"Pienso que les pagan muy bien por limpiar el camino. Pienso que los únicos que no pueden comprar son los del batallón (el Ejército Mexicano), de ahí todas las autoridades están pagadas, de Medias Aguas hasta Reynosa".

Al llegar a Reynosa, *Sonia* pagó seis mil 500 dólares por su vida gracias a la ayuda de su familia que se encuentra en Estados Unidos. El sistema de transferencia de dinero Western Union hizo llegar el recurso a los delincuentes, quienes luego recibieron de ella dos mil 800 más.

El secuestro duró un mes. Los recuerdos acuden a la mente de *Sonia* y le traen imágenes de personas enfermas escupiendo sangre, muriendo; imágenes del miedo y resignación a morir, de personas que "siguen ahí" y probablemente ahora también secuestran y matan, como los verdugos salvadoreños del bat.

Recuerda sobrenombres. *Barney, Flaco, Chocho, Nene, Chile* y *El Pelón* amenazaban, golpeaban y quebraban los pies y las manos "a puro batazo". Y *El Chacal*, que "desde Arriaga (Chiapas) nos venía siguiendo".

"Ese asunto nunca se me va a pasar y nunca se me va a olvidar", concluye.

Envíos de dinero y el INM, herramientas de la delincuencia

En otra de las conversaciones difundidas por el religioso se escucha a una migrante hondureña, de nombre *Paty*, contar sus seis días de secuestro que iniciaron en Coatzacoalcos, Veracruz.

Ahí fue abordada por un hombre al que llama *Rolando*, quien le ofreció llevarla al norte en autobús, y ella accedió. Le depositaron 500 dólares a cambio de su servicio a través de una empresa que ofrece el servicio de envíos de dinero

Al pie del tren, les ofreció comida, techo y aseo en un supuesto albergue atendido por "una señora mexicana" a quien nombraban *La Madre* y que cuenta, se hacía ayudar por tres jóvenes centroamericanos.

Ahí "la policía llegaba, se bajaban, se daban la mano. Los policías llegaban en trocas negras que decían *Policía Municipal*".

Paty señala que 15 minutos antes de llegar a la terminal de Tampico, unos agentes del Instituto Nacional de Migración (INM) detuvieron el autobús, le pidieron su credencial de elector a los pasajeros y así identificaron a los migrantes. Los bajaron y de inmediato se los entregaron a un grupo de hombres, que aseguró eran de *Los Zetas*.

"Ya tenemos la mercancía", escuchó decir *Paty* a uno de los agentes, "alto, flaco y narizón". El grupo de hombres pasó por ellos (eran 17) y se los llevaron a Matamoros donde fueron saqueados, vejados y aterrorizados.

"Ustedes no me han visto, no me conocen y yo no los conozco a ustedes", dijo uno de los supuestos funcionarios mexicanos.

Narra que fueron llevados a una casa de seguridad donde los despojaron de sus ropas. Los captores los amenazaron de muerte y les extrajeron números telefónicos y nombres de sus familiares a quienes llamarían para exigirles dinero.

En la casa de seguridad, que *Paty* describió con admiración (por grande y lujosa), los cuidaban dos personas. Ahí ocurrió "un problema" y elementos de otra banda delictiva llegaron a robar el botín.

"Ellos sí nos trataron bien. Dijeron que si les pagábamos, ellos nos iban a cruzar la frontera, y nos pasaron en balsa, por el río Bravo", dijo la mujer hondureña, quien tuvo que contactar de nuevo a su familia para depositar otros mil dólares a sus nuevos captores. Otra vez, a través de la misma empresa de envíos de dinero.[3]

Beto: ¿Qué opina maestra?

La Profe: Beto, no quiero opinar sin que me diga primero ¿Usted, durante el tiempo que trabajo ahí cuánto me dijo?

Beto: No le había dicho maestra, pero fueron ocho años

La Profe: en ese tiempo Beto ¿vio usted que sucediera algo parecido a todo lo que usted está documentando aquí?

Beto: Maestra, antes le dije que de ahí se le quedan a uno grabada en el alma muchas cosas cosas y si ví eso

---

[3] Encuentra este artículo con: veracruz, migrantes, solalinde, testimonios

y más, por eso digo que la capacitación a los oficiales de Migración debería ser permanente y con una buena carga de cuestiones psicológicas, si no creame que uno se enferma del alma. Ver tanta pobreza de hambre, de espíritu, de apatía, la maldad y la miseria humana en el sentido más amplio que usted quiera darle, se graban, son heridas a curar también, uno necesita que estar en constante condición psicológica, para observar y callar, la "chamba está de por medio, es muy difícil.

Pero siga usted leyendo maestra . . . . mire este mensaje del Padre Solalinde pidiendo perdón y haciendo un llamado a la sociedad. Analícelo bien . . .

La Profe: sigo la instrucción de Beto y leo, me detengo, analizo, reflexiono . . .

COATZACOALCOS (CNN México)[4] — Este viernes, unos 500 viajeros procedentes de Honduras, El Salvador y Guatemala continuaron en la caravana *Paso a Paso hacia la Paz*, que inició en Tenosique, Tabasco, el pasado martes 26 y los llevará hasta la Ciudad de México.

"Perdón hermanos *zetas* que han contribuido al dolor de las personas", dijo el padre Alejandro Solalinde, de rodillas y rodeado de cientos de migrantes que oraban con él en "la catedral del secuestro", en Coatzacoalcos, Veracruz.

"Quiero pedir públicamente perdón a 'Los Zetas', perdón a todos los delincuentes y a todos los hermanos

---

4   Encuentra este artículo con: alejandro solalinde, padre, perdon, catedral del secuestro, migrantes, zetas

funcionarios porque nosotros les hemos fallado, antes que violadores, son víctimas de una sociedad enferma que no supo darles valores", dijo el defensor de migrantes en una misa celebrada a escasos metros de una vía del tren.

Fuentes del Grupo Beta del Instituto Nacional de Migración (INM) explicaron que al contingente procedente de Tenosique se le unió otro que venía desde Tapachula, Chiapas y otros tantos que pasaban por el lugar.

El encuentro se realizó bajo el puente de la Avenida Uno de esta ciudad del sur de Veracruz, un lugar donde "no entra la policía" en un día común y corriente, y donde, según testimonios, se estacionan camionetas con sujetos armados a bordo, que esperan a los centroamericanos.

Solalinde, coordinador del albergue Hermanos en el Camino, de Ixtepec, Oaxaca, también se disculpó por las fallas de las iglesias "burocráticas".

"Quiero pedir perdón por esas iglesias cristianas evangélicas o católicas que les dieron una embarrada de religión y de valores, quiero pedir perdón porque no supimos formarlos en los valores de Jesucristo, porque no les enseñamos que los más grande es un padre maravilloso que nos ama a todos", dijo el religioso.

Solo él, el fray Tomás González Castillo, de Tenosique, Tabasco, y el padre David Hernández Tobilla, de Coatzacoalcos, permanecían hincados, "en penitencia".

"(Los delincuentes) perdieron la conciencia, su criminalidad los ha bestializado", dijo González.

Asimismo, llamó "a los sicarios, a los que mutilan, a los halcones (informantes de la delincuencia) y autoridades corruptas" a impedir que ocurra una muerte más.

Familiares de desaparecidos, asesinados y mutilados portaban fotos de sus seres queridos. Llegaron hasta este lugar porque esperan encontrar información sobre ellos.

El viernes por la noche, la caravana continúa la ruta migratoria hacia Tierra Blanca, donde tendrán un encuentro con el relator de la Comisión Interamericana de Derechos Humanos (CIDH), Felipe González. El domingo llegarán a Amatitlán, en el centro de Veracruz.

La Profe: Ufff Beto, ¡cuánta razón tiene! Qué relatos! ¡Qué testimonios! Y ¡Usted que vio más que todo esto! Dígame escribir, documentar todo ¿le sirve para aliviar su alma?, ¿vive en paz ahora que ya no está ahí?

Beto: Un poco maestra, sólo un poco. Me siento realmente reconfortado solamente cuando tengo oportunidad de ayudar a alguien que se encuentre en situación de migrante.

Declaraciones en Medios, en las Fechas del Foro Nacional Sobre Migración

"25 millones de migrantes, de ellos una cantidad creciente son niños, niñas y adolescentes, unos viajan con sus padres, otros lo hacen solos. Los niños, niñas y adolescentes, son los más vulnerables a todo. No sólo al narco, y zetas a los grupos de pandillas, sino de oficiales y funcionarios públicos mexicanos, connacionales, aquellos por los que Solalinde pide perdón.

Polleros y policías, coludidos en plagios: testimonios[5]

Dom, 03/07/2011 - 3:16pm
Lugar:
Xalapa, Ver.
Fuente:

---

[5]   Victor Ballinas: "Denuncia Solalinde el secuestro de más de 80 migrantes de CA", en: La Jornada, 28 de junio de 2011 (http://www.jornada.unam.mx/2011/06/28/politica/007n1pol)

Agencia Imagen del Golfo

Policía Federal, agentes del INM, policías estatales, y la intención del jugoso negocio de transportar hormiga de drogas, envuelven los masivos secuestros de migrantes desde el sur de Veracruz hasta el norte del país. Las operaciones que se presume, de acuerdo a testimonios, han violentado a cientos o miles de migrantes, han provocado ganancias por las que incluso se enfrentan cárteles. Así lo confirman testimonios (de un ex guía y de migrantes) proporcionados por el padre Alejandro Solalinde en su visita a Xalapa. Ya en entrevista previa, el padre Solalinde reveló que alguno de los testigos podría incluso haber ya sido asesinado, sin embargo, hay grabación de testimonios.

TESTIMONIO DE JUAN CARLOS. TRABAJABA PARA EL SECUESTRO DE MIGRANTES

"Policía Federal, Migración, todo está comprado, les decimos ahí están 5mil dólares al mes. Lo que se hace con los migrantes es usarlos como borregos. Mi patrón es Adrián Vergara, el es el mero mero. Está detenido en Piedras Negras, Coahuila. Esto (el secuestrar migrantes) es nada más un parapeto que usan para meter la droga, pero deja mucho dinero, claro, cada uno se lleva medio kilo un kilo en la maleta", relata Juan Carlos, ex guía de migrantes que trabajaba para la delincuencia.

Continúa: "Lo que hacemos es decirles yo te llevo por 3300 dólares, ya en Piedras Negras le decimos ten esta maleta, ahí llevas agua y comida. Y es mentira, llevan droga, va bien disfrazada en la maleta. Es que mil quinientos cobran ellos a Houston, de Plaza[6]. Lo que yo vengo ganando son 800 dólares por persona. La ruta que manejan es Piedras Negras, a la 58 y de ahí a Houston; Cruzan por el desierto, el punto para entregar, de piedras Negras a 20 km hay un pueblito que se llama Buenos Aires

"La ruta es Tapachula, Arriaga, Ciudad Ixtepec, Medias Aguas, Tierra Blanca, Orizaba, Tlaxcala, Ciudad de México, Celaya, Irapuato, Zacatecas, Torreón, Ciudad Fronteras, Piedras Negras, hasta la frontera, de ahí Houston.

En cada ciudad, como en Tierra Blanca que estaban asaltando, es otra plaza del Golfo, que quieren ganarle la plaza a don Adrián. Aquí en Oaxaca no hay control; en Medias Aguas hay control pero son los de la región de Veracruz, en Veracruz la plaza de Coatzacoalcos hay uno que le dicen el Jimy. Él es comandante de la PFP".

Al respecto, en enero, en entrevista, el Padre Alejandro Solalinde ya había declarado respecto al comandante Jimy y la vinculación de las policías en el secuestro de migrantes, y se refirió a Veracruz, reprochando a la Segob el no haber actuado a tiempo pese a conocer estos testimonios: "Yo fui testigo de cómo se dio ante ellos la declaración de una persona que se sabrá a su debido tiempo, y que no me toca a mí revelar, porque inclusive ya lo han de haber matado. Pero yo no miento. Hay personas de Gobernación que recibieron ese testimonio. Y es más, lo tenemos grabado (…) Por parte de los migrantes hay narraciones de cómo las policías de Veracruz están implicadas, y que tenían

---

[6] Por eso se hacen llamar crimen organizado, sólo hay que observar las rutas, para saberlo

el cinismo de decir cómo la policía municipal, al policía estatal, la policía federal ahí, estaban todos vendidos a Los Zetas y a otros grupos delictivos", declaró el padre Solalinde.[7]

Por su parte, Juan Carlos precisa que el secuestro de migrantes es el negocio más jugoso de la delincuencia, además de la droga. "Toda la gente secuestrada en Medias Aguas es mandada por Coatzacoalcos. Ahí les sacan 2mil 3 mil dólares a cada uno. Hay uno que trabaja directamente con ellos, en los levantones, con Zetas, le dicen El Pelón".

Respecto a Oaxaca, Juan Carlos dice que muchos de los agresores de migrantes son ladrones, que se dicen llamar Zetas pero no lo son. Sin embargo, en Veracruz y Coahuila sí opera la delincuencia organizada.

"El hijo de don Adrián (Vergara, operador en Coahuila para el secuestro de migrantes y traslado de droga) que también se llama Adrián es el que mueve todo afuera. El Jimy y Adrián son plazas diferentes. Son contras. Por ejemplo: si yo paso por Coatzacoalcos, me matan, porque ellos quieren gobernar todo lo que por ahí pase (drogas, migrantes)". Juan Carlos es un guía o pollero que se desligó de la delincuencia y brindó testimonio debido a

---

[7]   Rodrígo Soberanes "Hay complicidad de autoridades en secuestro de migrantes: CDNH", en: http://www.e-consulta.com/veracruz/index.php?option=com_k2&view=item&id=1217:%E2%80%9C hay-complicidad%E2%80%9D-de-autoridades-en-secuestro-de-migrantes-cndh&Itemid=303 (Lunes 28 de febrero de 2011) [11]*Id.*
[12]"Zetas, responsables del secuestro de migrantes, según la SIEDO", en: http://www.animalpolitico.com/2010/12/zetas-responsables-del-secuestro-de-migrantes-segun-la-siedo/

que se molestó con el que nombra como su jefe, Adrián Vergara, por asuntos de deudas de dinero, sobre todo.

"Yo estoy molesto porque yo le llevé más de 1000 indocumentados en 3 años, y que me golpeen y que me quiten dinero, por eso me salí. Los guías los llevan al matadero (a los migrantes), antes era una especie de ayuda, pero ahora es un gran negocio ligado a los delincuentes".

En la videograbación, en ese momento el padre Solalinde pregunta a Juan Carlos: ¿Qué dicen ellos, los guías y Los Zetas de mí?, Juan Carlos le responde que se sabe de su trabajo en beneficio de los migrantes. Entonces el padre refiere haber recibido amenazas de un hombre identificado como Reynosa. "¿Un güero de ojos claros?", le dice Juan Carlos, y asiente Solalinde agregando: "Ándale, él fue el que me amenazó y dijo yo soy zeta y lo voy a matar con mis propias manos".

PATY, HONDUREÑA SECUESTRADA EN MEDIAS AGUAS:

"Yo iba con mi esposo para EUA, porque yo tengo mis hijos en Estados Unidos, conocí a un señor que se llama Rolando, nos dijo que él nos podía ayudar, que le pagáramos 500 dólares hasta la frontera. Entonces yo le dije que no teníamos dinero y le hable a mi hermano me dijo que él me iba a enviar dinero. Entonces mi hermano le depositó un dinero al señor, compró unos boletos en la terminal de Coatza y nos mandó para Tampico.

Continúa Paty: "Se suponía que íbamos directo a Tampico, pero en eso se paró el autobús, se subieron unos de Migración y nos bajaron a todos. Eran Los Zetas.

Ellos mismos nos dijeron quiénes eran. Nos llevaron a una casa de dos plantas donde nos tenían encerrados a nosotros nos dejaron desnudos sin ropa sin nada, esto fue en Tampico. Los de migración le hablaron a Los Zetas y les dijeron ey wey ya está la mercancía. Ellos dijeron que eran Zetas, de ahí llegó un señor que dijo que él era el jefe. Y a mí me decían: ¿Y tú, vieja? ¿A quién tienes allá para que te pague porque si no te vamos a matar? Empezaron a agarrar los números de teléfono.

"Ya después nos cambiaron porque no sé qué pasó con ellos y nos recogió otra gente y nos llevaron más para adelante, para Matamoros, y ahí sí nos exigieron dinero, que si nos pagábamos nos iban a matar. Éramos 17 ahí. Estábamos en Matamoros en una casa bonita, bien grande, la señora dueña de la casa se llamaba Sandra, el esposo de ella vende agua purificada.

"Entonces mi hermano me dijo que él no tenía mucho dinero y tuvo que pedirlo prestado. Estuve ahí como una semana. En eso se agarraron (Zetas y gente del Cártel del Golfo), hubo problemas con los del Golfo, entonces ellos se fueron y sólo dejaron dos muchachos de Los Zetas, uno de 18 y el otro como de 25. Entonces en eso llegó el Cártel (del Golfo) cuando los muchachos se fueron a dormir, y nos sacaron, pero esa gente sí nos trató bien. Los del Cártel del Golfo nunca nos maltrataron, dijeron que si nosotros les pagábamos, ellos nos iban a cruzar la frontera. Entonces mi hermano tuvo que enviar unos mil dólares. Nos pasaron en balsa por el río Bravo".

"¿Los agentes de migración que los bajaron del autobús, cómo son?", le cuestionan a Paty y ella responde: "era uno delgado narizón, y otro gordito chaparro, con su uniforme de Migración. Eso fue en Tampico. Rolando me dijo: yo soy de Honduras, soy tu paisano. Yo no t voy a robar. Rolando es altito, blanco, narizón, se viste bien, cabello negro. Supuestamente tienen como un albergue para la gente. Le dicen la terapia. Ahí está una señora, mexicana. Le dicen la madre, una gordita chaparra, ella también manda gente para allá para la frontera y trabaja con una señora que le dicen Sandra".

LAS SUMAS

Paty, la hondureña secuestrada en Medias Aguas, Veracruz, especifica los montos del secuestro: Pidieron que depositaran por Western Union a nombre de él (Rolando) 500 dólares. Con Los Zetas 1000 dólares, pero luego le dijeron que era de 2000. Luego el Cártel del golfo otros mil dólares, todo a través de dinero en minutos de Western Union. A Sandra le hicieron unos giros en Brownsville Texas. Ellos estaban esperando más gente (migrantes secuestrados), por eso nos movieron de una casa a otra".

En ese sentido, Alejandro Solalinde y especialistas en temas financieros como el académico e investigador de la Universidad Veracruzana, Rafael Arias Hernández, advierten que con el pretexto del secreto bancario se enmascaren intereses delictivos.

En el caso de Western Union, el padre Solalinde acusó a esa empresa de estar directamente involucrada en los hechos, y ha solicitado que se le investigue. "Nunca me imagine que los agentes de migración nos iban a entregar a Los Zetas, porque supuestamente ellos están para deportar no para entregar", dice la migrante.

SONYA, HONDUREÑA, SECUESTRADA EN MEDIAS AGUAS

"El 20 de junio me secuestraron en Medias Aguas, sentí mucho miedo porque no sabía adonde me llevaban, nos hicieron caminar como unas 6 horas tapados de la cara. Cuando llegamos a una casa tenían a unas personas ya ahí y las estaban golpeando. Luego de tenernos unos días ahí nos mandaron a Reynosa, ahí vine a ver cosas mucho peores. A las personas las golpean mucho, las amarran, no les dan de comer, y las castigaban con un bate.

"Luego un muchacho tenía ganas de ir al baño, se levantó y no pidió permiso y lo mataron a batazos enfrente de todas las personas que estábamos ahí. Son como unos veinte, luego llegan personas en unos carros que no parecen ser personas malas pero ellos les dan autorización de que los maten. Yo miré que mataron a dos personas de Honduras. Miré muchas personas que les quebraban los pies las manos a puros batazos, y pues te piden los 3 mil 500 dólares.

"En un solo viaje mandaron a Reynosa como a 150 personas, todas secuestradas. Los policías se dieron cuenta de esto, pasaron enfrente de unos federales y los saludaron. Un federal llegó a cobrar diez mil pesos. Federales de Medias Aguas. Yo escuchaba que si le pagaban les iba a limpiar el camino. Estuve un mes secuestrada. Hay gente que tiene 2 o tres meses secuestrada y mueren, le sangra la nariz, escupen sangre, se enferman", finaliza con llanto, Paty.

Los testimonios proporcionados por el padre Alejandro Solalinde fueron video grabados en 2009. Tanto la Organización de Estados Americanos (OEA) como la Secretaría de gobernación, tienen conocimiento de ello, enfatizó el padre Solalinde. Tras su reunión con el gobernador de Veracruz, Javier Duarte de Ochoa, el padre Alejandro Solalinde dijo confiar en que se investigue y frenen las vejaciones a migrantes, ello, ha insistido, se espera con hechos.

TIEMPO REAL

Segob, "sin evidencia" del plagio; Solalinde insiste: serían 250 [8]

René Zenteno, subsecretario de Gobernación, dice que hasta este momento, "la información con que se cuenta no permite negar el secuestro" de migrantes en Veracruz, "pero también debo aclarar que las indagaciones hasta hoy no han proporcionado evidencias u otros testimonios que permitan confirmarlos"[9]. El sacerdote Alejandro Solalinde calcula que los desaparecidos son entre 129 y 250. El plagio, dice, fue realizado por Los Zetas en contubernio con maquinistas del tren conocido como "La Bestia"

Por:

El sacerdote Alejandro Solalinde Guerra, fundador del albergue "Hermanos del Camino", dijo a Grupo Imagen Multimedia que son al menos 129 inmigrantes

---

[8] *http://www.sinembargo.mx/29-06-2011/6742. Denuncias perfectamente documentadas, en esta página*

[9] *Redacción / Sinembargo   Fecha: junio 29, 2011 - 11:06 | Sin comentarios*

los desaparecidos en Veracruz, pero podrían ser alrededor de 250. "Fueron algunos de los migrantes que lograron escapar de sus secuestradores quienes hicieron la denuncia", señaló. De acuerdo con el religoso, el plagio fue realizado por Los Zetas en contubernio con maquinistas del tren conocido como "La Bestia".

De acuerdo con la información proporcionada por los testigos, hay mujeres y niños entre los desaparecidos desde el 24 de junio; el reporte lo hizo el padre Solalinde desde la mañana del lunes pasado.

Sin embargo, el subsecretario de Población, Migración y Asuntos Religiosos de la Secretaría de Gobernación, René Zenteno, dijo a *La Jornada* que el gobierno federal no reconoce la existencia de un secuestro[10].

"Hasta este momento, la información con que se cuenta no permite negar los hechos, repito, no podemos negar los hechos que han ocurrido pues contamos con los testimonios de dos migrantes centroamericanos, pero también debo aclarar que las indagaciones hasta hoy no han proporcionado evidencias u otros testimonios que permitan confirmarlos", expresó.

Por otra parte, en entrevista con *El Universal,* Martín Zenteno, dijo que hasta el momento, las investigaciones realizadas por la SIEDO, señalan que se tienen testimonios de que cinco personas -entre ellas dos mujeres, dos hombres y un niño– fueron bajados del tren, de acuerdo con los testimonios de los testigos.

El portal de *Terra* dice este miércoles que senadores del PRI plantearán a la Comisión Permanente que exija

---

10   Dios! ¡qué más pruebas necesitan para reconocer la existencia de un secuestro

a la Procuraduría General de la República (PGR) agilizar las investigaciones sobre el secuestro, y que comparezca el actual titular del Instituto Nacional de Migración (INM) para hablar sobre la depuración en la dependencia. También solicitan se entregue al Congreso un informe del avance sobre la creación de la Fiscalía Especializada en Prevención y Atención de Delitos Cometidos en Contra de Migrantes, planteada por la Mesa de Trabajo en Materia Migratoria del Senado de la República.

Raúl Plascencia Villanueva, presidente de la Comisión Nacional de Derechos Humanos (CNDH), dijo que el secuestro de inmigrantes ocurrido en Veracruz demuestra las deficiencias que todavía tiene el Estado para garantizar la seguridad de los indocumentados.

La nota sobre el secuestro le ha dado la vuelta al mundo, pero hasta el momento las autoridades mexicanas no han dado pistas sobre su paradero. Sólo suponen que fueron fuerzas del crimen organizado, pero tampoco han definido quiénes estarían detrás. "Hace falta una tarea de prevención de delito", dijo.

Durante gran parte del sexenio de Felipe Calderón, el Instituto Nacional de Migración estuvo a cargo de la actual secretaria general del Partido Acción Nacional, en el que milita el propio presidente. Cecilia Romero ha dicho que es amiga del mandatario, y en una entrevista con *El Universal* cuando todavía era comisionada dijo que estaría al frente de la dependencia hasta que "Dios y el presidente quisiera". Ahora tiene la segunda posición más importante en el partido gobernante.

Lejos de llamarla para rendir cuentas, el gobierno federal decidió desde la semana pasada reservar por 12 años las agendas de Romero y Salvador Beltrán del Río, actual titular del INM, con el argumento de que son contenidos de "seguridad nacional".

Romero estuvo a cargo en uno de los periodos más amargos para los migrantes. En el negocio de extorsión y secuestro, según las organizaciones no gubernamentales e informes del mismo gobierno, han participado agentes del INM.

Dos testigos

De acuerdo con la Comisión Nacional de Derechos Humanos (CNDH), un hondureño y un guatemalteco son los dos testigos con los que se cuenta del secuestro masivo de indocumentados. Fernando Batista, responsable del programa de atención a migrantes de la CNDH, dijo que los dos ya presentaron una denuncia ante la PGR y rindieron declaraciones.

El hondureño y el guatemalteco, cuyas identidades fueron mantenidas en reserva, narraron a personal de la Comisión que el 24 de junio el tren en el que viajaban junto con entre 200 y 250 indocumentados se detuvo en una comunidad del estado de Veracruz y en ese momento vieron a por lo menos 10 personas armadas y encapuchadas descender de tres camionetas y les exigieron a los migrantes a bajar del ferrocarril, de acuerdo con una nota de la Prensa Asociada, AP.

Hombres armados y vestidos de negro subieron a dos personas a una de las camionetas. Posteriormente, otros de los encapuchados se acercaron a dos mujeres, dos hombres y un menor de edad que permanecían en uno de los vagones del tren. El hondureño y el guatemalteco saltaron en ese momento del tren y se ocultaron por cerca de tres o cuatro horas para evitar ser capturados.

Los testigos y el testimonio del secuestro de migrantes

*Roberto Israel Rodríguez Soriano[11]Articulista invitado
A finales del mes pasado (27 de junio) se presentaron ante la Subprocuraduría de Investigación Especializada en Delincuencia Organizada (SIEDO) dos denunciadas por el secuestro de al menos ochenta migrantes indocumentados en Medias Aguas Veracruz.[1][12]

Los secuestros tuvieron lugar el 24 de junio. De acuerdo con el testimonio de dos migrantes que pudieron escapar, viajaban con unos 250 centroamericanos indocumentados en el tren procedente de Salina Cruz, Oaxaca.[2] En Medias Aguas, Veracruz fueron interceptados por entre 10 y 12 hombres que bajaron de tres camionetas, encapuchados y armados. Con violencia secuestraron a 80 de los indocumentados que iban el tren.

Los dos testigos, al percatarse del arribo de los comandos armados, lograron escabullirse y saltar del tren. No descartan que otros hayan escapado. Tras la huida, se ocultaron por cuatro horas antes de subirse a otro tren de regreso a Ciudad Ixtepec, Oaxaca. Llegaron el 25 de junio. Inmediatamente dieron testimonio al padre Alejandro Solalinde, coordinador del Albergue Hermanos en el Camino.[3]

---

[11] http://www.escrutinio.com.mx/revista/politica/70/los-testigos-y-el-testimonio-del-secuestro-de-migrantes.html. Fuente vigente en Internet.
[12] Los numeritos en brackets son links hacia donde dirigirse para obtener mayor información.

Según estos dos testimonios el plagio se realizó alrededor de las 13:30 horas del día 24. El tren se desvió de manera repentina y poco tiempo después se detuvo y llegaron las camionetas. En sus palabras: "Del grupo de encapuchados, tres se acercaron a los vagones, el resto alistó sus armas para vigilar la zona ... En uno de los vagones había hombres, mujeres y niños".[4]Sigue el testimonio: "Antes de saltar del tren, vi cómo estaban subiendo de manera violenta en una de las camionetas a dos de los compañeros, vi cómo los jalaban, y les gritaban: muévanse hijos de la chingada".[5]

Las autoridades se "comprometieron" a llevar la investigación correspondiente. Sin embargo, la Secretaría de Gobernación, prácticamente no dio crédito al testimonio de los migrantes. El subsecretario de Gobernación, René Martín Zenteno, declaraba lo siguiente: "hasta este momento la información con que se cuenta no permite negar los hechos, repito, no podemos negar los hechos que han ocurrido pues contamos con dos testimonio importantes de migrantes centroamericanos". **Pero**: "también debo aclarar que las indagaciones hasta hoy no han proporcionado evidencias u otros testimonios que permitan conformarlos".[6]

Pidió al padre Alejandro Solalinde que si tiene pruebas del presunto secuestro de los ochenta o más migrantes, las presente a las autoridades correspondientes, debido a que con el testimonio de los dos migrantes sólo pudieron constatar el plagio de cinco personas:"Los 100 migrantes a los que se refiere el padre Solalinde son los que estaban en el albergue; si por alguna razón el padre Solalinde tuviera indicios de que esos 100 migrantes fueron secuestrados, debe llevar las pruebas, debe presentarse ante las autoridades correspondientes para dar toda esa información".[7]

Por su parte, el secretario de gobierno de Veracruz, Gerardo Buganza, rechazó la versión de Solalinde y aseguró que el sacerdote hacía declaraciones con base en "rumores" y pidió presentar una denuncia.[8] Así pues, la postura del gobierno de Veracruz es de negación del suceso.

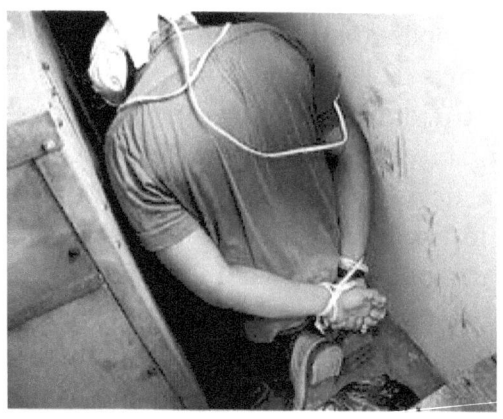

Por otro lado, el padre Solalide ha fijado su postura: "[Los plagiarios] estaban de acuerdo con los maquinistas porque en lugar de dejarlos donde siempre, los llevan hasta un lugar apartado donde está el tren que viene de Tenosique y Coatzacoalcos que los pararon exactamente donde estaban unas camionetas esperándolos (. . .) Ahí se ve el contubernio que existe con estos maquinistas. No digo que todos, pero la mayoría son personas que están en esto".[9] Solalinde es contundente, hubo complicidad de los maquinistas del ferrocarril en el que viajaban.

Se han presentado las denuncias sobre ocasiones anteriores, pero los jueces no han consignado a ninguno.

Desde febrero de este año Jorge Ruíz Valderrama, jefe del Departamento de Capacitación a Servidores Públicos de la CDNH, por su parte, ya ha reconocido que los secuestros de migrantes en Veracruz se da con la complicidad de las autoridades.[10] Inclusive señaló que elementos del Instituto Nacional de Migración (INM) ayuda a que ocurra el secuestro.[11]

Se presume que los secuestros, no sólo los del mes de junio, sino que también los llevados a cabo en meses del año pasado, son realizados por el grupo narcotraficante de Los Zetas. Por un lado, este grupo busca reclutar elementos para su organización. Por otro lado, pedir recompensas a los familiares.[12]

A partir de estos sucesos me gustaría guiar la exposición hacia algunos señalamientos sobre los conceptos del *testigo* y del *testimonio*.

En la situación anteriormente expuesta se presenta una dicotomía cuyas partes encarnan dos posturas diferentes con referencia a la posibilidad de la aplicación de justicia. Una de estas posturas es la que representa el migrante con sus testimonios del suceso. La contraparte está representada por el gobierno federal y local y la exigencia de pruebas más allá del testimonio.

Los respectivos gobiernos, federal y local, han descalificado los testimonios dados por los migrantes argumentando que éstos **no bastan** para buscar la consecución de justicia. Esto responde a un proyecto gubernamental que niega la autoridad total de quien vivió el suceso. Esto significa el descredito del testimonio del testigo. Resultan evidentes las motivaciones que originan las posturas gubernamentales: "aquí no pasó nada"; "en México se respetan los derechos (humanos y políticos) de los extranjeros"; "México es un país seguro y los gobiernos locales y federal están enfocados a la procuración de los derechos hacia los migrantes"; "No existe corrupción, ni contubernio".

Explícita e implícitamente se desacredita el testimonio de los migrantes por sus condiciones políticas y sociales. Son migrantes indocumentados que, paradójicamente, se encuentran al "margen" del orden jurídico, pero con un lugar determinado dentro de ese orden, en el de la exclusión. No son ciudadanos, por lo tanto no tienen identidad, ni posibilidad de tener justicia legal ni jurídica. Son individuos cuya voz, desde su identidad política y social se encuentra en entredicho. Individuos eternamente pauperizados y explotados por las condiciones históricas; individuos marginados política y jurídicamente.

Desde que se desacredita, o inclusive se pone en duda el testimonio de estos migrantes, se cancela cualquier posibilidad de realizar justicia hacia las víctimas del secuestro y de los actos que se realicen en contra de su integridad física y moral.

Desde la otra perspectiva, los migrantes, las víctimas, gozan de toda legitimidad testimonial, y su testimonio debería debe ser palabra última e irreductible que abre la posibilidad de la consecución plena de justicia.

¿Por qué el migrante gozaría de esta legitimidad? Porque ha vivido y sufrido en carne propia los agravios. Sin embargo, el testimonio de los migrantes que lograron escapar posee una doble fuerza ética. La fuerza que le impregna el testimonio *no dicho* de quienes no lograron escapar.

El filósofo italiano Giorgio Agamben señala la etimología de la palabra "testigo":

> En latín hay dos palabras para referirse al testigo. La primera, *testis*, de la que deriva nuestro término

"testigo", significa etimológicamente aquel que se sitúa como tercero (*terstis*) en un proceso o un litigio entre dos contendientes. La segunda, *superstes*, hace referencia al que ha vivido una determinada realidad, en condiciones de ofrecer un testimonio sobre él.[13]

Precisamente, el testigo es el que puede dar crédito de un acontecimiento determinado. Aquel que estuvo allí, aquel que padeció y sufrió en el acontecimiento.

El testigo abre una forma determinada de hacer justicia. No es una justicia jurídica, es una justicia ética. El primer tipo de justicia estaría apegada al Derecho.

El Derecho mira exclusivamente a la celebración del "juicio, con independencia de la verdad o de la justicia. Es algo que queda probado más allá de toda duda por la *fuerza de cosa juzgada* que se aplica también a la sentencia injusta".[14] La exclusión de la "fuera de cosa juzgada" significa que el Derecho prescinde de los actores, de los *sujetos*, de los testigos.

La justicia ética implica la asumpción de una responsabilidad *ética* "infinitamente más grande de la que nunca podemos asumir".[15]

Dice el filósofo español Reyes Mate que lo que la víctima añade al conocimiento de la realidad es la visión del lado ocultado, silenciado y privado de significación. El lado que representa la *historia passionis*, la historia de la pasión, la historia del sufrimiento.[16]

Las palabras de la víctima, por su posición con respecto al acontecimiento, tienen la exclusividad que por sí misma le confiere la mayor legitimidad de certeza, verdad y validez. Son palabras, testimonios, que transgreden a la justicia jurídica, a la que pone en entredicho y anula con su fuerza intrínseca.

Sobre el caso particular que ocupa, se enfrentan dos posiciones antagónicas sobre proyectos de justicia. Uno que exige las pruebas objetivas, materiales, físicas sobre el suceso como única forma de consecución de una justicia jurídica y legal. Mismo que desacredita las palabras de la víctima como prueba confiable de certeza y de verdad. El otro proyecto de justicia que desde la fenomenología del *sentimiento* y del *padecimiento* realiza su exigencia. Poniendo las palabras de la víctima, su testimonio, como la prueba irreductible de su exigencia. Un testimonio que está cargado de una responsabilidad ética y que representa la voz de los silenciados, tanto por el suceso mismo, como por el proyecto político que niega sistemáticamente su dolor y su padecimiento.

¿Cuáles son las pruebas que exige el gobierno mexicano para reconocer el suceso en cuestión? Me atrevo a ofrecer una respuesta: fosas clandestinas con centenares de huesos. También me atrevo a decir que esto no basta, o por lo menos ha bastado hasta hoy.

La exigencia de justicia la hacen los vivos, o los testigos. Sin embargo, los silenciados, los desparecidos y los muertos gritan con mayor fuerza la exigencia de justicias, y los testigos, a quienes proyectos políticos se empeñan sistemáticamente en desacreditar e ignorar, son los interlocutores legítimos de ellos.

No podemos darle la espalda a estos testimonios si no queremos darle la espalda a la posibilidad de la consecución de una justicia ética. Mientras no se salde esa deuda no se podrá pensar en un mejor proyecto de nación y hacer una exigencia legítima de justicia para los migrantes mexicanos que son ultrajados y maltratados en Estados Unidos.

Versión estenográfica de las palabras que el padre Solalinde dá a los migrantes.

"Buenas tardes soy el padre Alejandro, no se asusten, la policia que esta ahí no es para hacer ninguna redada, al contrario es para protegernos. Más allá hay personas que los quieren dañar, hay maras. por allá hay peligro, todo este lugar es peligroso, porque precisamente uno de esos maras nos amenazó y a uno de ustedes también, todo este lugar es peligroso, ustedes son chapines todo este lugar es peligroso, no sé, ustedes pueden llegar al albergue ustedes son libres de hacer lo que quieran, ´repito, ustedes pueden hacer lo que quieran, pueden irse, nosotros les ofrecemos lo que tenemos, es nuestro deber decirles que por allá donde van hay peligro. Todos los trenes llegan, el que viene de Medias Aguas, no ha llegado, deberá llegar a media noche, también quiero decirles algo muchachos que ahí en Medias Aguas, todos los días llega, también quiero que sepan que ahí en Medias Aguas los están esperando para secuestrarlos, no se pueden ir nadamás así, los tenemos que registrar para que no se nos pierdan. Los estamos organizando por grupos y registrando para que no se nos pierda ninguno, porque si ustedes se van a pie, no va a haber manera de que los cuiden, quien va a saber de ustedes, por eso los estamos registrando. Ustedes son gualtemaltecos, son chapines, son muy nobles; hoy nos importa más cuidar su vida, por ahí por las vías es peligroso, por eso les digo que vayan al albergue, coman y descansen un ratito.

Octubre 2007

Versión estenográfica

Buenos días muchachos ¿cómo les fue de camino?

Fijese que el ejército dispuso bajarnos ahí nomancita en Juchitan, a unos 250 que venianos. Mire, ahorita somos los poquitos.

Bueno métanse al albergue y no salgan, voy a Juchitán a ver qué pasa.

Hermanos migrantes, no se asusten, soy yo el padre Alejandro. venimos a ayudarles; si hay alguien ahí salgan, no tengan miedo soy el padre Alejandro . . . ya quedó claro que todos los servicios de aquí son gratuitos, ahora fíjense ustedes. están en las vías medias de Medias Aguas y Lechería.

Charla del Padre Solalinde ante los migrantes adentro del albergue Hermanos del Camino

Hay gente que se acerca y les dice, oyes yo también sé lo que es ser migrante he sufrido mucho,; en buena onda, ¿cuántos son uds.? yo voy por unos refresquitos y algo les quiero dar; y en lugar de refresquito va por gente armada para secuestrarlos.

Leo, migrante de El Salvador . . . Uno sale con la idea de ayudar a su familia, mi idea es ayudar a mi familia pues es una familia pobre . . .

Arely Palomo, voluntaria del albergue Hermanos del Camino.

Cada vez que llega el tren mañana, tarde, noche, yo registro y pregunto ¿qué les ha pasado en el camino, si las han violado, les digo que yo como mexicana tengo derecho a presentar una denuncia . . . . si migración los ha agredido, violado, extorsionado, etc.

(saltan las mujeres casi gritando)

Sí, si, Migración dijo, párense ahí, párense, y mi yerno nos dijo, párense ya no sigan corriendo, el oficial dijo párense desnúdense y de a 300 pesos por cabeza . . .

Arely, estamos hablando de que a la semana, están llegando de 180 a 200 migrantes.

david, coordinador del albergue. va por comida con los empresarios-(ver video documentado en http://www.youtube.com/watch?v=vtlwm_tglv4
El padre Solalinde

Un día, platicando con los migrantes, les decía imagínense cómo estarían uds. si no existiera este albergue . . . . vino una voz de muy atrás diciendo una sola palabra ¡devastados . . . ! me llamo la atención esa palabra no es muy común. En ese momento yo entendí que este lugar significa para ellos primero, seguridad. Entendí que algún día Estados Unidos y ojala que también en México, les hagamos un monumento, porque ustedes están cambiando la historia, están haciendo la nueva historia, son héroes de una nueva historia. Yo creo que el cambio se está dando desde abajo, desde los pobres, sin excluir a nadie, ustedes. están cambian eso, y no le están pidiendo permiso a nadie porque ustedes, la migración, tienen sus propias leyes, porque de nada sirve que yo les diga mira no pases hay una epidemia . . . pasan, mira están los zetas secuestrando, . . . se van igual: . . se calcula que entre 800 y 1000 migrantes pasan por el albergue; hasta hoy el albergue cuenta con 1000 Dlls. U.S. al mes para su sostenimiento.

AL DEBATE GENERAL
DE LAS ENTREVISTAS DE LA
SEGUNDA PARTE

Luisa: fíjate profe, por lo que Aureliano te contó, entre líneas, indica que desde hace más de trece y quince años, ya existían la trata de personas, la pedofilia, la tortura, la corrupción, etcétera, esto es muy importante para comparar con lo que hoy pasa en esa frontera, parece no haber cambiado nada. Ahh, por cierto y discúlpame amiga por haber tomado tu ejemplo de Londres. Lo hice para ver si Aureliano comprendía el fenómeno de la explotación actual; me parecía que no alcanzaba a entender el hecho, a pesar de todas sus experiencias.

María: ¿crees que con el ejemplo que le diste de la profe, haya quedado claro para Aureliano, esto de la explotación? Yo lo observo como un hombre inteligente, si bien no estudiado, sí capaz de comprender este fenómeno. Mi apreciación es que es probable que quizás no haya querido profundizar en esto.

Luisa: Yo creo que sí. Aureliano parece ser −por lo que dice-, es un hombre humilde, bondadoso pero no tonto, en el fondo él lo sabe ... recuerda amiga que estas personas que han sufrido tanto, siempre están temerosos de decir todo lo que sienten.

Profe: Yo estoy de acuerdo con ustedes, Aureliano no me pareció para nada tonto, al contrario, y sí, probablemente tienen razón, tal vez prefirió no ahondar el asunto. Ahora en cuanto al ejemplo mío, tampoco te preocupes, a pesar de que de esto hace ya 30 años y la Unión Europea, sí que ha variado todas sus políticas, pero la explotación sigue existiendo. Por ejemplo, en 2005, la última vez que estuve en España, pude observar la explotación latinoamericana que se estaba dando —al menos, en Madrid), lugar plagado de ecuatorianos, encargados de tiendas, comercios, bares, pastelerías, cafeterías, charcuterías, limpieza de oficinas, intendentes de hospitales, me asombró ver la cantidad de ecuatorianos, conocí pocos centro y sur americanos; sobresalían los originarios de este país. Seguían pagando salarios, fuera de la ley, muy bajos y estas personas viviendo, hacinados en Madrid y sus alrededores. Muy trabajadores eso sí.

En 2009 estuve en Barcelona, recorrí algunos lugares que —en mi trabajo ilegal conocí hace más de 30 años, antes de trabajar como traductora: sótanos con poca luz, por ejemplo en donde nos ponían a trabajar como costureras a destajo, en maquiladoras a cargo de personas sobre todo, de los países árabes y de la India, en ese entonces, las jornadas eran muy largas (casi 12, 13 horas), de otra manera no ganabas suficiente, para subsistir en pesetas, hace 30 años y en euros hoy. Cuando digo que el color cambió, me refiero a la piel, porque hay muchísima migración africana, a mí me tocó, la migración latinoamericana y muchas españolas (en Londres); en la actualidad la migración se inclina hacia los africanos y egipcios, en primer lugar, y de todas partes del mundo.

En 2009, aún existen algunos de esos talleres así en donde en verano hace mucho calor y en invierno mucho frio y humedad, las condiciones de trabajo en general son ínfimas.

Hoy la migración europea está viviendo otros factores de tremendos que amenazan la especie humana: la discriminación racial y laboral; el empleo escasea y, en esa medida, el local defiende su trabajo, y reinventa el racismo. Algún día escribiré sobre la migración allá en el viejo continente. En fin, sobreviví como tanto migrante lo hace. Creo con Aureliano, lo más importante es que Aureliano en México encontró trabajo, con él, estabilidad, paz, tranquilidad, escuela para sus hijos, el seguro para la salud y algo importante, también, puede ayudar a sus compatriotas y a migrantes en situación parecida a la que él vivió . . . y cuando la vida te dá para regalar algo . . . es que te va bien . . . eso Aureliano lo ha comprendido, lo ha valorado en su justa dimensión y lo agradece y ahí quiere estar, ¿eso es muy inteligente no creen?

María y Luisa: ¡por supuesto!

Luisa: María, después de leer tu entrevista con Sara, me queda claro que esos chiquitos desnutridos como Sara, desde muy pequeños viven muchísimas situaciones negativas, eso marca a los seres humanos para siempre!!!

María: creo que así es, desafortunadamente. Sarita me conmovió hasta la médula, no pude sostener la entrevista tan larga como hubiese querido.

La Profe: sí, es lamentable la forma en que estos chiquitos se mueven en medio de tanta bajeza, tanto abandono, tanta soledad . . .

Debo confesarles que con todas estas historias, siento como si una parte de mí se hubiese quedado allá, en esa frontera; honestamente me invade una impotencia oceánica, lo peor es que no veo la salida, ¿cómo dejar de robarles su infancia a estos pequeños?, eso me desarma . . . por eso creo que una alternativa es la que representa que los decisores de las políticas en pro de los migrantes en el sur, lo hagan incluyendo la perspectiva regional internacional, yendo a la raíz del problema, a las zonas, a los hogares en donde el problema está focalizado, ponderando el diálogo entre funcionarios y políticos, acordando cosas en común, considerando la zona como propia de cada país y con muchas ganas, con mucha disposición y sensibilidad para componer las cosas.

En la operatividad de la política, desplazarse hasta los hogares con los programas sociales básicos, empleo, salud, educación, pero no de México, sino de México-Guatemala_Honduras-Salvador, es decir, toda la zona . . . Sinceramente me preocupa muchísimo no haber observado en todos estos años, la voluntad, las ganas, la sensibilidad de asunción del fenómeno, de ir acabando con el problema. Todo es cuestión −creo-, de ir cediendo un poco cada país, para ganar un mucho con la resolución del problema.

María: Tienes razón profe, es muy preocupante lo que ahí ha estado sucediendo, y saber por los medios masivos de comunicación, en la teoría jurídica, todo lo que se ha hecho desde los derechos humanos, y el problema ahí está. Bueno, amigas y de Juliana chicas. Que aprendizaje les ha dejado Juliana y su labor?

Luisa: lo que dice Juliana es terrible, pero eso ha sucedido, la cantidad de muertos, de abortos, de lisiados, y todo por subir al tren . . .

María: además la manera cómo se pierden, como se esconden en los montes del sur, es casi la misms forma como deben permanecer allá en el norte, creen tener una meta, una meta buena que se reduce a un empleo que les haga sobrevir dignamente, sin embargo, sin darse cuenta, van perdiendo todo, su arraigo, identidad, . . . sus apegos se reducen a sus mentes . . .

La profe: ¿apegos? ¿qué apegos María? ¿a sus familias? ¿a sus pertenencias? ¿cuáles?, insisto ojalá pudiésemos hacerles llegar a sus lugares de origen el empleo, la educación, la salud, mínimamente digo, no dádivas, sino educación, capacitación . . . me parece que éste es el único camino.

Ahora esas mujeres que dice Juliana llegan desangrándose con abortos, de alguna manera provocados por la misma situación en que viajan . . . Es de pueblos en estado de barbarie.

María: ¡qué bueno que algunas ya se protejen, conscientes de a lo que van a enfrentarse!! mujeres que prestan servicios domésticos . . . ¡Dios, qué salarios! No pude evitar ser visceral,!, me disgustan las comparaciones, pero recuerdo tanto esos parásitos que tenemos en el gobierno . . .

Luisa: oyes amiga, ¡qué terca eres! Pero te felicito, al ex oficial le extrajiste los órganos internos!!! Muy bien . . me impresionó el Señor, me impresionó la claridad que tenía acerca de los conocimientos que debe adquirir un oficial de migración, en lo jurídico que debe y no debe hacer, claridad en la presencia y las ausencias de la capacitación. Además realizó una investigación totalmente empírica pero certera.

La Profe: pues ya ves amiga, sus excelentes notas, no le sirvieron para conservar su trabajo . . . . la discreción con la que se guardó los motivos de su despido . . . sólo me comentó que lo involucraron en un ilícito pero ¿cuál? Puede ser mesura, o discreción u obligación a guardar silencio . . . creo no lo sabremos nunca!

Maria: realmente me llamó la atención lo claro que él tuvo sobre el comportamiento a guardar tratándose de mujeres. Es una pena que ya no esté . . .

La Profe: así es, amigas, toda la híper sensibilización de ese buen hombre sobre su entorno, se fue a la nada. Él percibió a profundidad la importancia de la identidad, del sentido de pertenencia, que debe tener primero, un oficial, ¿para qué sirve un empleado de migración que no capta todo esto en su contexto?.

María: A mí me sorprendió la manera de indagar de don Beto, no tiene fuentes referenciales, sólo dos autores . . . lo que se dice un investigador nato . . .

A MANERA DE REFLEXIÓN

Una larga historia de llegadas y partidas, de horizontes inconclusos y de pequeños pasos hacia el frente, se cierne entorno a los derechos de las personas y el ejercicio jurídico de sus garantías individuales.

Cierto es que los gobiernos de ambos países han emprendido acciones para salvaguardar los derechos humanos de los migrantes, en abril de 2011, se promulgó la Ley de Migración, junto con ésta se revelaron una serie de variadas acciones que son ejecutadas por las bondades de las organizaciones no gubernamentales, en este sentido, se revela que las organizaciones humanitarias nacionales y mundiales han avanzado más que los propios gobiernos.

Hoy, cuando parece ser que a la otredad se la ha enterrado a profundidades inalcanzables. Hay fenómenos que obligan a rescatarla de esos sitios; el flujo migratorio del Sur, que pretende llegar al Norte, (los transmigrantes), es un típico ejemplo de avasallamiento a los derechos humanos más elementales, y —por lo menos para los países centro y sur americanos, y en los últimos días asiáticos africanos y de oriente medio-, en donde las Leyes Supremas, guardan las garantías individuales, debiera ser una terrible carga de vergüenza para México, conocer los atropellos que sufren los que pretenden transitar por la república mexicana a través de la franja fronteriza del Sur.

Con qué conciencia moral social reclamamos a los Estados Unidos de Norte América, un trato aceptable y preferencial para nuestros connacionales, si *los otros* –en el "lomo de la bestia"- soportan en silencio, lo que *nosotros* mínimamente no hemos hecho, esto es, el acatamiento puntual de los primeros 29 artículos de la Constitución Política de los Estados Unidos Mexicanos que refieren las garantías individuales, hoy, de acuerdo a las reformas constitucionales de febrero *derechos humanos*.

Esas almas en el "lomo de la bestia", ciudadanos gobernados provenientes de sistemas sociales, económicos y políticos que descritos arriba evidencian sistemas viciados, corruptos con gobernantes ambiciosos de poder y de dinero que llegan por tres, cuatro o seis años a servirse del erario público, sin la más mínima sensibilidad para crear políticas sociales que provean a sus ciudadanos de empleos dignos, de salud pública eficiente, de viviendas para seres humanos, no para animales, en donde hasta ellos, tomando el ejemplo del cerdo que requiere de un espacio mínimo de 45 metros cuadrados, para crecer, desarrollarse y morir; en conclusión, esas almas son el producto de las malas relaciones humanas entre gobernantes y gobernados. ¿Qué es lo que los motiva a dejar sus espacios y cultura? La fe, que es la garantía, la seguridad de lo que no se ve, la esperanza de una vida mejor para ellos y sus familias.

Ahora bien la reflexión en este sentido: ¿vale la pena arriesgarse? ¿jugarse todo –inclusive la vida-, por un sueño que tal vez se pierda en el horizonte?

Permítame, amable lector terminar parafraseando a Don Alfonso Reyes . . .

"Aquél que tiene un jardín en su casa y no sabe el nombre de sus plantas . . . " no merece respeto.